문학공원 수필선 78

# 삶의 간격, 여백의 멋

김민식 수필집

문학공원

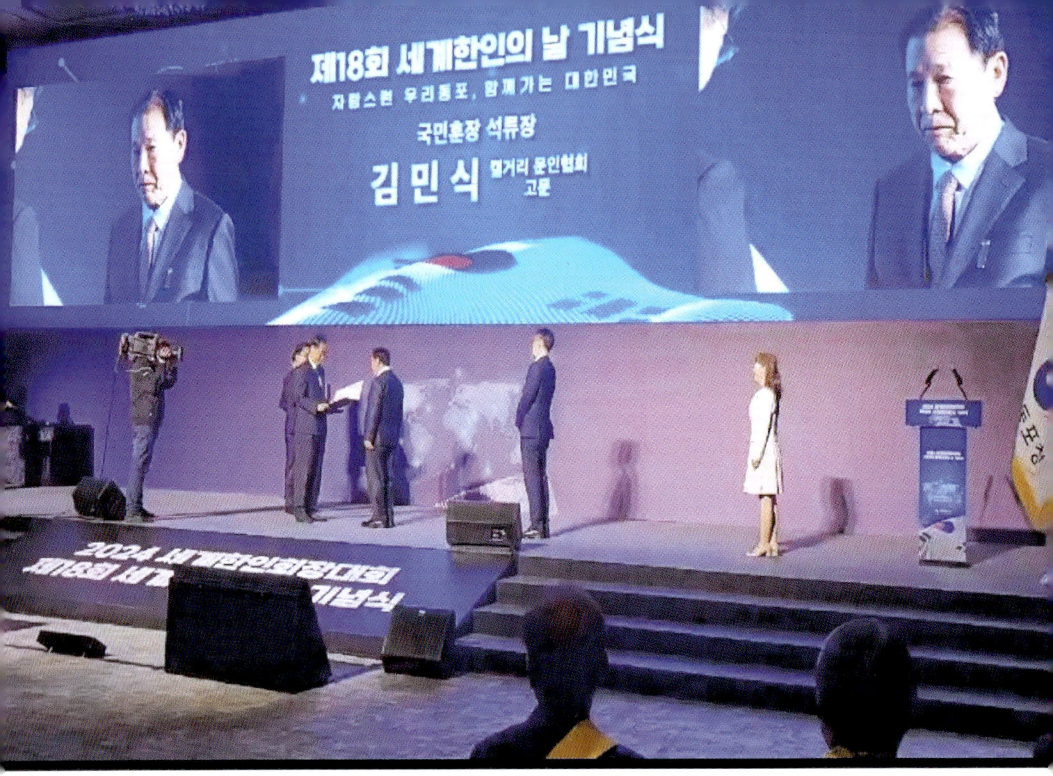

제18회 세계한인의 날 기념식
자랑스런 우리동포, 함께가는 대한민국
국민훈장 석류장
김민식 멜거리 문인협회 고문

2024 세계한인회장대회
제18회 세계한인의 날 기념식

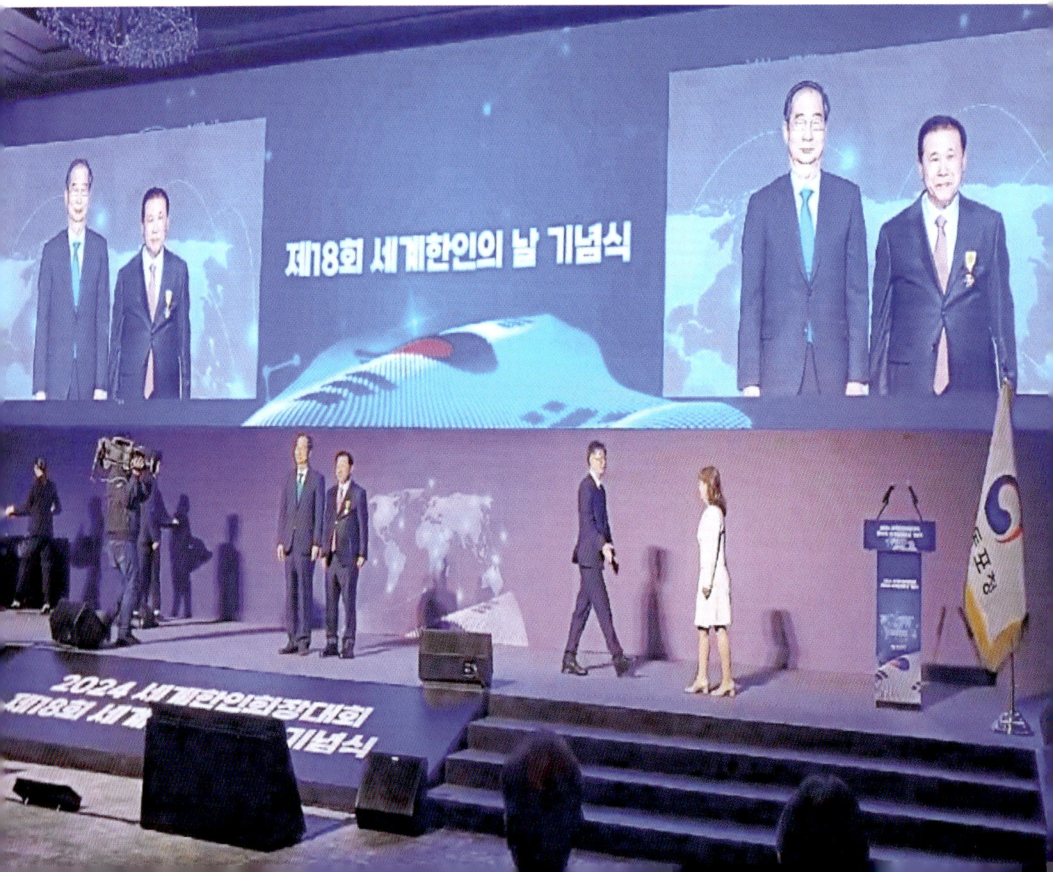

캘거리 한인회
CALGARY KOREAN ASSOCIATION
CANADA
CANADA · KOREA SOCIETY

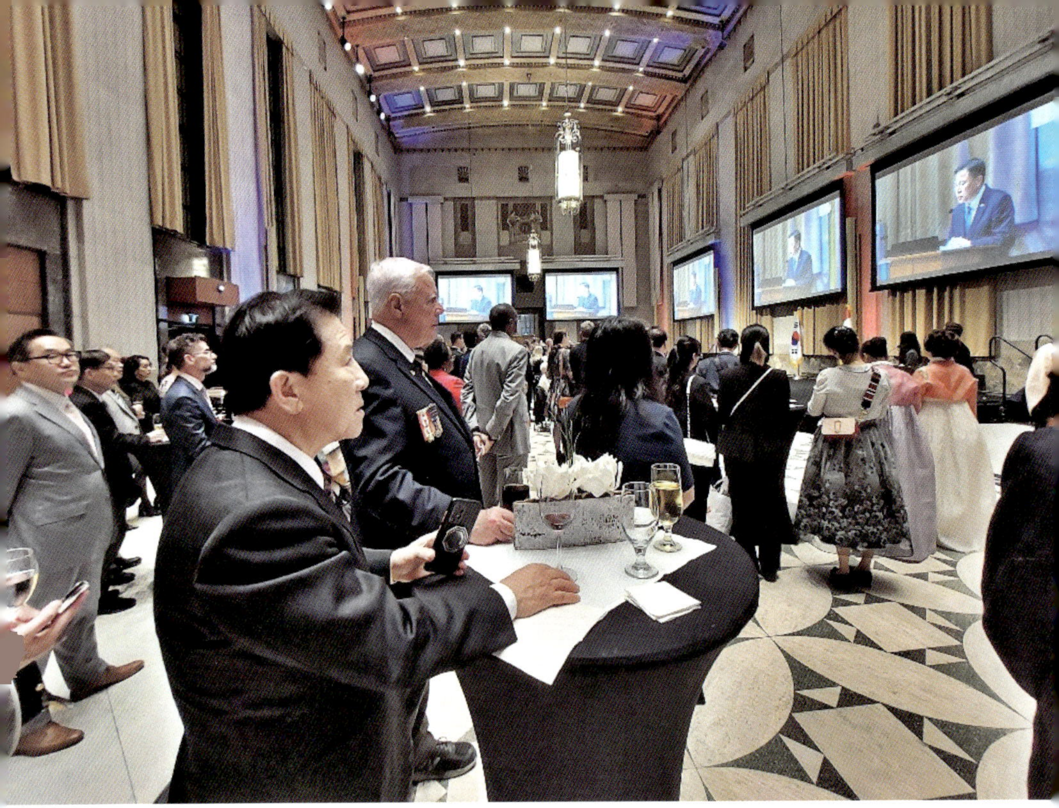

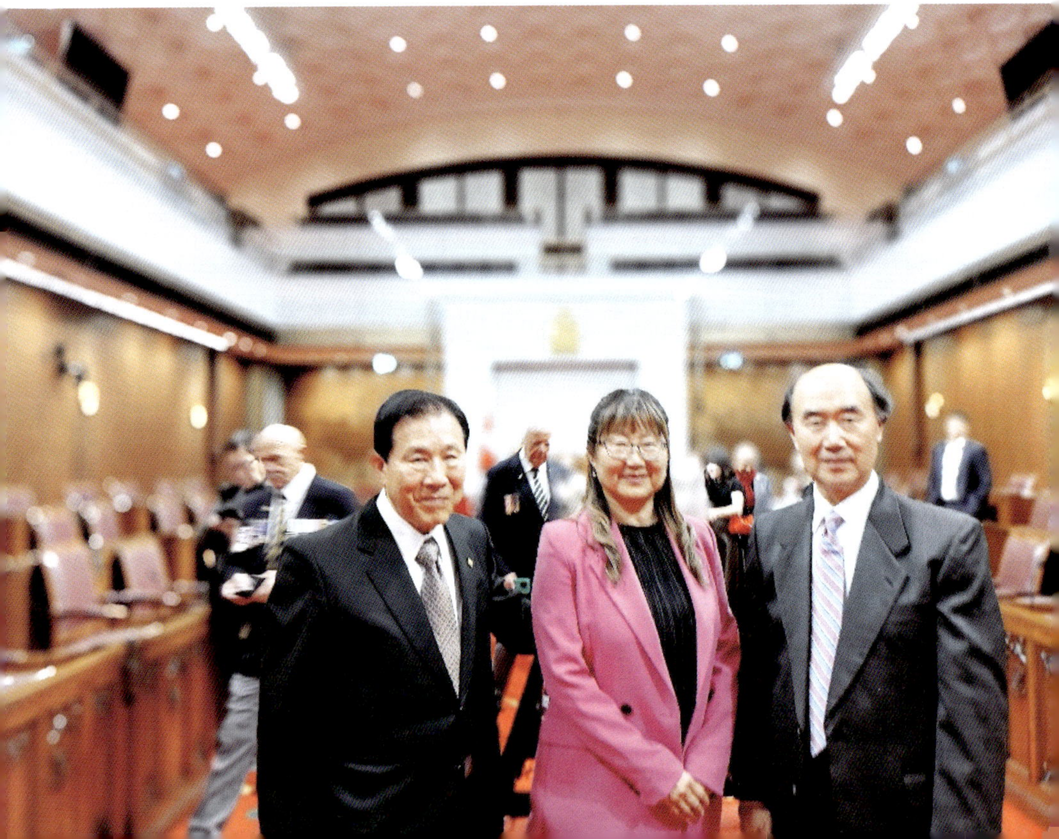

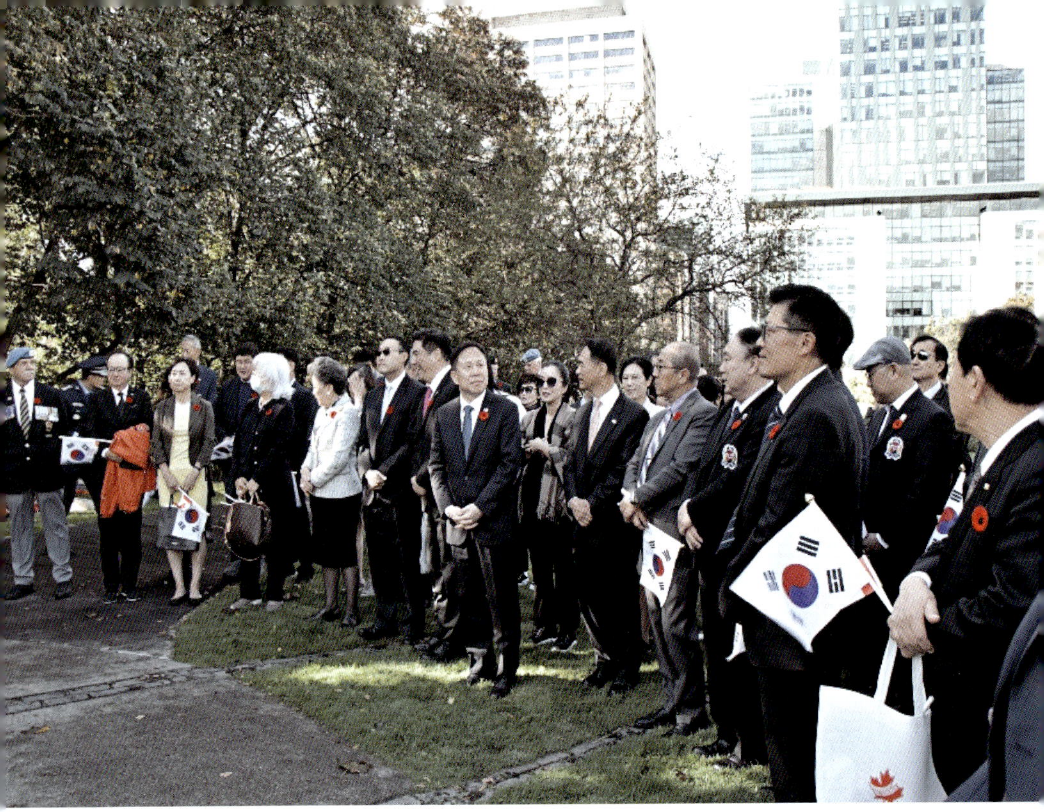

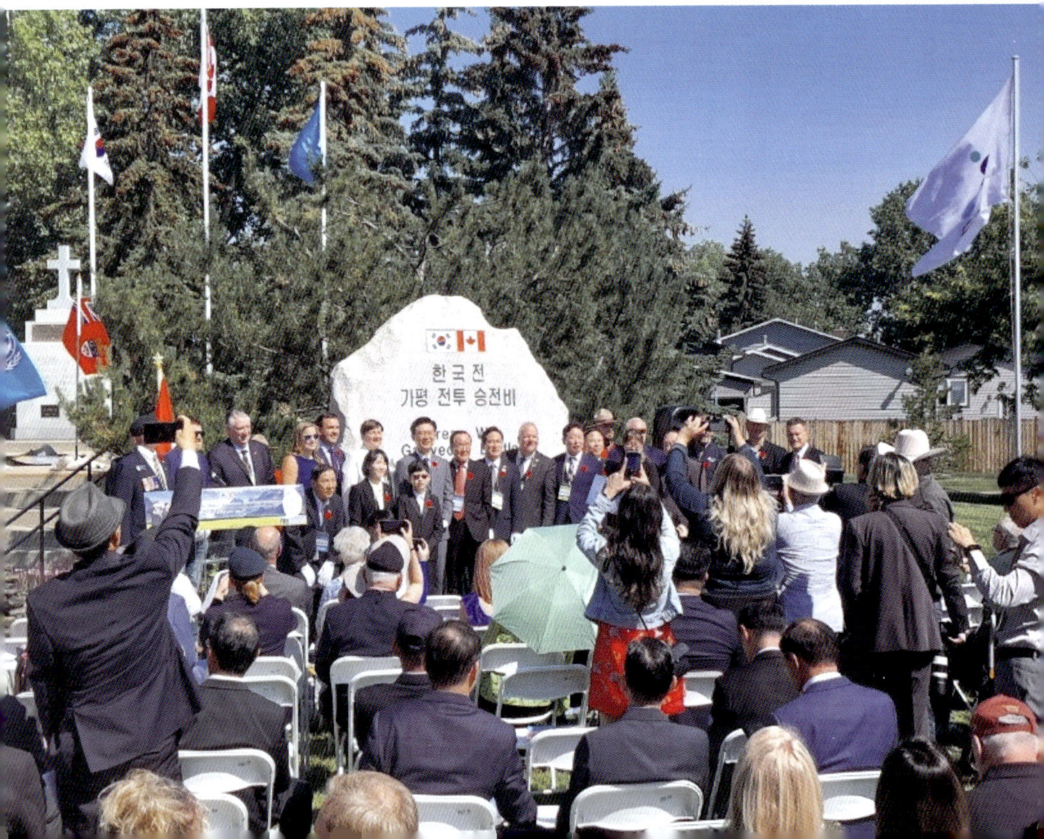
한국전
가평 전투 승전비

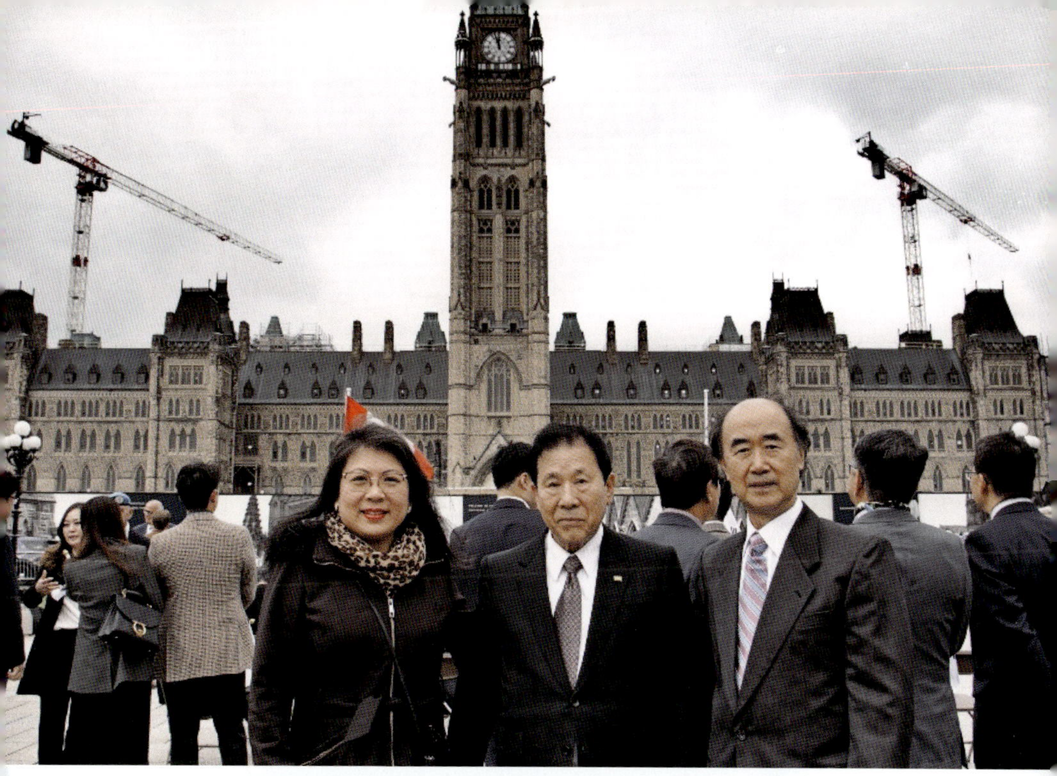

KOREAN-CANADIAN HERITAGE AWARD
한인상
The 24 th
Korean Canadian Heritage Award
제24회 한인상 시상식
양용진
이동기
김민식
주학윤
고학환
Nov. 9 2006 6:00 pm
한인회관
1133 Leslie St. North York ON

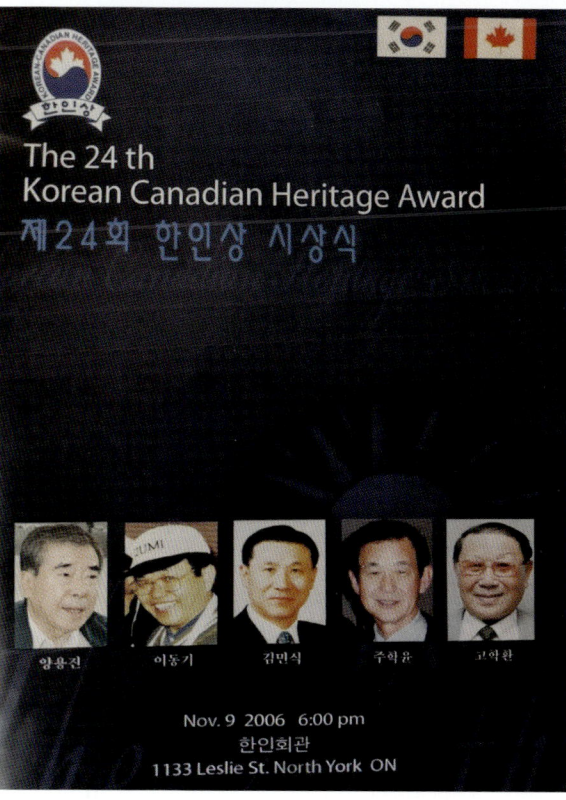

# 특별 인터뷰

《취재: 김문자 편집인》

## 제24회 캐나다 한인상
## 공로 부문 수상자 청야 김민식씨

"더 많은 일을 하라고 주는 상으로 알고 있습니다."
"꿈이 있는 사람에게 날개를 달아주고 싶습니다."
한인 노인들의 양로원 마련이 앞으로의 계획

▲ "더 많이 일하라는 뜻으로 알고 계속 봉사 하겠습니다." 라고 말하는 청야 김민식씨

"오른손이 하는 일을 왼손이 모르게 하는 봉사가 진정한 봉사라고 생각합니다." 라고 수줍어 하며 많은 말을 연 봉사 김민식씨를 기자가 찾아갔을때 그는 앞치마를 두르고 그가 운영하는 'Tommy's Pizza' 에서 바쁘게 일하고 있었다.

기자가 본지 논설위원이기도 한 김민식씨에게 "한 두번 잠은 하는 일은 남들에게 아무런 말이 없을지도 모르지만 10년 이상을 계속하는 일에 소문이 없다는 것은 오히려 이상하지 않나요?

도움을 받으신 분들이 고마워서 가까운 지인들에게 말한 것이 어쩌면 너무도 당연한 일이 아니겠습니까?" 라고 반문했다.

지난 9월 중순, 평소 그와 가까이 지내며 또 그의 도움을 받았던 몇몇의 한인들이 "캐나다 한인상 위원회" 에서 플래시 동포 신문들을 통해 수상자 추천을 의뢰한다는 소식을 듣게되자 김씨의 봉사활동에 고마운 마음을 갖고 있는 사람들이 모여 이 일을 추진하게 되었다. 허정씨와 그의 부인 오혜정씨 부부 중심이 되어 김씨의 도움을 받았던 손 태례씨, 정의순씨 부부, 유순이씨 부부, 김해석씨 부부, 장연실씨 등이 모여 가칭 '캘거리 한인동포사회 김민식 캐나다 공로(봉사)부문 추천위원회'를 구성, 김씨의 그간 봉사활동 내역을 정리한 것이다.

그러나 여기서 문제가 발생했다. 우선 김씨 본인이 아는 정확한 이력서와 경력서가 있어야 서류를 완성할 수 있었기 때문이다.

결국 그들 중, 한 추천위원이 찾아가 '우선 당신이 사양하는 의미도 알겠지만 당신같은 많은 봉사자가 나타나 한인사회에 기여할 수 있도록 하자라는 취지에서 추천하는 것이니 이번 한인상 추천에 협조해 달라' 고 부탁하여 이루어졌다고 한다.

이 모든 서류를 만들어 지난달 9월 29일 캐나다 한인상 위원회 신숙희 위원장 앞으로 보냈고 그후 토론토에서부터 김씨가 수상자로 선정됐다는 소식이 왔을때 본인들의 기쁨보다 수상자 김민식씨 본인 더 컸던 것은 오히려 아이러니한 분위기를 자아내기도 했다.

기자가 23일(월) 저녁 Tommy's Piz-

za를 방문, 김씨에게 이번 수상 소감을 물자 "더 많은 일을 하라고 주는 상으로 알고 받겠습니다. 저를 추천해 주신 여러분들께 진심으로 감사를 드립니다." 라는 겸손함을 잊지 않았다.

기자가 다시 "평소 많이 바쁘신데 그 많은 시간을 어떻게 만드셨습니까?" 라고 묻자 김씨는 "원래 바쁜 사람이 남의 일을 돕는 것이 세상 이치지요. 본인 자신이 많은 고통을 겪어 봐야지만 남의 아픔도 이해하고 그들을 향해 측은

한 마음도 가질 수가 있다고도 생각합니다." 라는 뜻깊은 말을 했다.

다시 기자가 김씨에게 이 한인상 수상 후의 봉사 계획을 묻자 김씨는 "현재 캘거리에는 한인 노인들만의 양로원이 없습니다.

이로 인해 많은 어려움을 겪고 있는 가정들을 보았습니다. 앞으로 시에서 새로운 양로원을 짓게되는 경우, 한층 더 한인들만을 위한 양로원으로 허락받아 운영하는 계획을 추진중에 있습니다." 라고 한인 모두에 반가운 소식을 전해 주었다.

단 한인 양로원층을 갖게 되는 경우, 한인들만의 음식을 만들어야하는 식당시설구비를 위해 한인사회가 참여하여 자금을 모아야 한다고 하며 물론 이 한인 양로원층이 열리게 되면 여기에 필요한 자원 봉사자들을 한인사회가 책임지고 운영해야 한다는 전제 조건이 있다고 말했다.

선행을 생활화하는 것이 우리들의 신앙생활이라고 강조하는 김민식씨에게 "앞으로의 계획중 무슨 일들을 가장 중요하게 생각하느냐" 는 기자의 마지막 질문에 "꿈이 있는 젊은이에게 날개를 달아 주고 싶습니다." 라고 말하며 조용한 미소를 띠웠다.

김씨는 14년전 캘거리로 이민, 부인 신숙자씨와의 슬하에 장녀 순영(미국 뉴욕시립대학 성악 박사과정)과 아들 석용(본지 취재부장)을 두고 있다.

## 캐나다 한인상

캐나다 한인상은 캐나다에 거주하는 한인 또는 비 한인 (개인, 단체) 가운데 사회, 문화발전에 공이 큰 사람에게 수여되고 있으며 지난 1981년, 캐나다 한국일보사에 의해 한인 민족상으로 제정됐었다.

그 후 1984년부터 한인 민족상의 이름을 캐나다 한인상으로 바꿈과 동시에 한인상 위원회로 넘기게 되었다.

금년도 한인상 위원회의 심사 위원장은 신숙희 여사가 맡았으며, 40명의 심사위원이 한인

상 응모한 서류를 심의했다.

캐나다 한인상이 탄생해서 지금까지의 수상자는 64명의 개인과 17개의 단체가 수상의 영예를 안았다.

지난 2005년도에는 공로부문에서는 이영현씨 (영리 무역회사 대표, 제 12기 민주 평통 동부 지회장), 고 이석환 목사, 김명규 한국일보 발행인, 그리고 단체상 부문으로 캐나다 한인 양자회( 회장 임태호)가 수상의 영예를 안았다.

# 24th KOREAN-CANADIAN HERITAGE AWARD

한인상

공로부문 김 민 식

귀하는 소외된 계층이 각종 사회혜택을 받을
수 있도록 항상 앞장섰으며 어려운
교민들에게 따뜻한 손과 발이 되어 주는
'베풂' 전문가로서 오랜 기간 자원봉사를
실천한 공로를 인정하여 이 상을 수여합니다.

2006년 11월 9일

한 인 상 위 원 회
위원장 신 숙 희

연아마틴 상원의원과 함께

문학공원 수필선 78

# 삶의 간격, 여백의 멋

김민식 수필집

문학공원

〈책을 펴내며〉

# 독자에게 위로가 되고
# 공동체에 희망이 되었으면

김 민 식

밤새 함박눈이 듬뿍 쌓여 거실에서 바라보는 나의 작은 정원은 순백의 장관을 이루고 있다. 여름내 로빈새와 까치, 이름 모를 산새들이 수도 없이 찾아 들어 고운 목소리로 작은 정원의 주인인 나와 아내, 가족들과 교감하는 이곳, 각양각색의 장미가 어우러져 향을 더하고, 계단식 정원에 옮겨 심은 블루베리와 체리, 영산홍, 찔레꽃, 케일과 향이 좋은 부추, 로즈마리 등 허브들이 나의 가족이 되어 즐거움을 선사한다.

삶이 바빠 자주 손길을 주지 못했지만. 장미 30여 그루는 초록 넝쿨사이로 노랗고 빨간 분홍색 꽃을 무수히 피워 올렸다. 숲이 되고자 하는 나무들의 심성이 만드는 미완의 설치 미술 위에 이 아침 더께로 올라앉은 함박 눈, 미안하다 나무들아! 너희들이 새 소리와 바람 소리에 아름다운 삶의 메시지를 보내올 때 살갑게 다가서지 못해 미안하구나. 아침마다 나는 빠른 행진곡을 들으며 North Glanmore 산책로를 순례자마냥 걷고 또 걷는다. 로키에서 불어오는 바람 속을 헤치고 나아갈 수 있는 힘의 원천은 무엇일까? 위대한 창조자의 섭리를 거스르지 않으며 좋은 수필을 위한 명상과 생각을 모으는 산책길이다.

"노년의 역주행" 여기 모은 글들은 그동안 각종 미디어 매체와 교민사회에 발표한 글들을 모아 엮은 졸필들이다. 모국 문단 등단 20년 만이고, 나 또한 나태함에서 벗어나 새로워지기 위하여 ≪스토리문학≫에 재등단의 길을 택하였으며, 부족하지만 내 인생 첫 수필집의 상재인 것이다. 고국을 떠나 이곳 캘거리에 정착한 지 어느덧 32년이 흘렀다. 그동안 미력하나마 각급 단체를 통하여 봉사를 해왔고, 내가 창업하여 운영하는 Calgary Tommy's Pizza는 매년 Calgary Herald에서 선정하는 최고의 피자집이 되었다. 나눔과 베품, 소리 없는 봉사를 통하여 캐나다 내 참된 숨은 봉사의 기준을 제시하여 2006년 캐나다 한인상위원회로부터 캐나다한인상을 받은 일, Calgary City Lions의 라이온스봉사상, Canyon Mead Community Award 지역봉사상, 캘거리 청소년 교도소 Teen Challenge Award 등 나의 땀과 열정이 배어난 활동으로 2024년 제17회 세계 한인의 날에 모국 정부로부터 국민훈장 석류장을 친수한 것은 남은 여생을 통하여 소중한 봉사와 좋은 글을 쓸 수 있도록 주님께서 배려해 주신 것이리라.

이제 고희 넘어 다시 뛸 수 있는 용기를 주셨다. 다수의 민족들이 모여사는 이방인의 세계에서 내가 할 수 있는 일은 더 맛있는 피자를 만들며,

좋은 글을 쓰고 봉사하는 일이다. 이러한 힘은 삶의 간격, 삶의 여백에서 시작된다. 미완의 나의 글들이 독자 여러분께는 따스한 위로가 되고, 내가 속한 공동체에서는 희망이 되었으면 한다. 각자의 인생을 존중하며 함께 있되 거리를 두는 삶, 그래서 하늘 바람이 너희 사이에서 춤추게 하라. 사랑하라 그러나 구속하지는 마라. 너의 혼과 혼의 언덕 사이에 출렁이는 바다를 두어라. 졸필을 멋진 수필로 엮어 주신 ≪스토리문학≫과 김순진 교수님께 감사를 올리며, 원고 초고를 다듬어준 우림의 고마움, 항상 곁에서 성원해주는 아내와 가족들에게 감사를 드린다. 더 아름답게 빛나는 작은 정원의 눈꽃송이 로키의 겨울은 축복이다.

2025년 봄

청야 김 민 식

〈추천사〉

# 신성한 의식처럼 읽어내리며

이 상 목(한국문인협회 캐나다 알버타지부 회장)

뻥 뚫린 알버타의 대평원, 그 뒤안길에 무수한 발자국을 남기며 달려온 청야 선생의 이민 32년 여정은 오롯이 숨은 봉사와 남을 위한 배려에 있었음을 안다. 거칠지만 아름답고 험하지만 우람한 로키를 보며 외롭고 힘들 때마다 써 내린 글들이 모여 여백을 메우고 있다.

고된 이방인의 애환 속에서 자신을 다독이며 정화시킬 수 있었음은, 삶의 간격을 철저히 유지하며 어디에도 구속되지 아니하고 틈틈이 쌓아 올린 문필을 확보한 덕이라 여겨진다.

여백(餘白)의 사전적 의미는 글씨나 그림이 있는 지면(紙面)의 공백을 뜻한다. 그러나 그 공백은 바라보는 독자의 마음의 여유이며, 삶의 간격이듯 우리네 인생살이에도 적당한 사이와 여백이 필요하다.

그런 면에서 청야 수필은 어느 한 편으로 치우침 없이 이민 생활에서 필요한 내용을 골고루 담아내며 평행을 유지하려 애쓴 흔적이 보인다.

'함께 서 있으나 너무 가까이 서 있지는 마라. 사원의 기둥도 서로 떨어져 있고 참나무와 삼나무는 서로의 그늘 속에선 자랄 수 없다'라고 칼리 지브란은 "사랑을 지켜가는 아름다운 간격" 중에서 역설하였다.

여기 로키의 우람한 고산, 고원지대에서 바라보는 선생의 영혼이 하얗고 순수한 것은 삶의 여백이 있기 때문이다. 선생이 평소 사랑한 것들, 거대한 로키와 청정한 호수, 하늘 구름, 로빈새와 기러기, 까치, 비버 등 자연생태계와 장미, 마른 풀 에게까지 쏟으시는 애정이 새해 아침 더욱 빛을 발한다.

오늘도 나는 주옥 같은 청아 수필을 신성한 의식처럼 읽어 내린다. 을사년 새해 더욱 강령하셔서 좋은 글로 뵙길 소망한다.

2025년 봄

- Alberta Multicultural Arts Association
한국문인협회 알버타지부 회장 李相穆

〈서문〉

# 하나님의 사랑 실천과
# 이웃들에게 봉사하는 마음

김 순 진(문학평론가 · 한국문인협회 이사)

    지난해 가을 10월 5일 오전, 반가운 카톡이 왔다. "김 발행인님, 잠시라도 뵙고 가야 하는데 걱정입니다. 경기도 포천 일동에 있는 가족묘지에 참배하고 오늘 밤 9시에 WEST JET 편으로 캘거리로 돌아갑니다."란 내용이다. 나는 모든 일을 뒤로 밀고 그를 만나기로 했다. 우연의 일치인지 김민식 선생의 선산은 내 고향인 경기도 포천 일동에 있었고, 내가 가족들과 식사 중인 음식점과는 승용차로 1시간 거리에 있었다. 평소에 청야 선생의 평판을 잘 듣고 있던 터에다 사진으로 자주 접해서인지 나는 약속 장소에 도착한 청야 선생을 먼발치에서도 금방 알아차릴 수 있었다.
    그렇게 만난 청야 선생의 첫인상은 중후한 멋과 따스한 정이 배어 나오는 분으로 외국에 오래 사셨다기보다는 고향 집 형님 같은 분위기였다. 그때 그는 캐나다 교민사회에서 봉사의 공로로 대한민국 석류장이라는 훈장을 받으러 잠시 캐나다에서 나오셨던 것인데 그 바쁜 와중에 나를 만나고 가신다니 고맙고 반가웠다. 그는 캐나다 이민사회에서 존경받는 지도자다. 그는 20년 전에 이미 한국문단에 수필가로 당당히 이름을 올리신

분이고, 지금도 캐나다 문인들 사이에서는 명망 있는 리더로 통한다. 그런 그가 내가 운영하는 도서출판 문학공원에서 수필집을 상재한다는 것은 나에게 있어 매우 가슴 설레는 일이었다.

그리고 곧 이상목(현 한국문인협회 캐나다 알버타지부 회장) 시인으로부터 원고 이메일이 도착했다. 이상목 시인은 나와 30년 지기로 한국스토리문인협회 캐나다지부장으로도 활동하며 필자가 발행하는 종합문예지 ≪스토리문학≫의 편집위원이기도 하다. 청야 선생의 수필집 원고를 인쇄해 읽고 있자니 과연 그동안의 평판이 그냥 이루어지지 않음을 알 수 있었다.

이 수필집을 편집하고 교정하려니 가슴이 뜨거워져 눈물이 나기도 하고 이렇게 열심히 사는 사람을 안 다는 것이 자랑스럽기도 하다. 이 책은 크게 5부로 구성되어 있는데 제1부는 '삶의 간격, 여백의 멋'이란 제목하에 11편의 수필이 들어있는데, 이제 한 발자국 멀리 서서 바라볼만한 여유를 가진 김민식 작가가 바라보는 인생철학이 잔잔한 감동으로 다가온다. 그중에서 「어머니의 윈호미」란 작품은 그가 스토리문학 2025년 상반기호로 재등단하는 작품으로 심사위원들은 "어머니의 윈호미는 캐나다까지 가져간 어머니의 유품으로 고국에 대한 향수가 심해져 갈수록 고국으로 향하는 비행기 티켓이나 어머니 감기를 앓는 나이 든 아들에게 처방전 같은 효과를 낼 것 같다."고 평하면서 그의 수필에 대하여 "이야기를 꺼내는 전개가 매끄럽고, 이야기를 이끌어가는 진술이 부드러우며, 일화와 섞어내는 가벼운 주장이 가슴에 와 닿는다."고 평가했다.

제2부는 '내가 꿈꾸는 향유'란 제목으로 11편이 들어있는데 이들 작품은 노년의 삶은 어때야 하고 조급하거나 마음이 궁핍한 삶을 살지 않기

위해 어떻게 해야 한다는 방법론이 은연중에 들어있어서 독자로 하여금 고개를 끄덕이게 한다.

제3부는 '6월 나의 장미여'란 제목으로 11편의 작품이 게재되어 있는데 특별히 「나의 아버지」란 작품을 통해 그동안 자신의 오늘이 있게 해준 아버지 대한 고마움을 깨닫지 못한 반성의 부분에서는 더욱 공감이 가며, 자연을 통해 치유 받고 깨달음을 얻는 과정은 주목해서 읽을 할 만하다.

제4부는 '사유의 길'이란 제목으로 11편의 수필이 실려 있는데, 결국 인간이 얼마만큼 사유하느냐가 나를 안정시키고 가문을 발전시키는 길이며 더 나아가 정의로운 사회를 구현하는 길이라 생각한다면 수필집을 내는 효과를 톡톡히 볼 수 있는 대목이라고도 말할 수 있겠다.

제5부는 '누이여, 나의 누이여!'란 제목하에 11편의 작품이 게재되어 있는데, 이는 사물이나 자연환경보다는 인물, 즉 인간관계에 대한 작품이 많은데, 우리는 김민식의 수필을 통하여 인간관계에 대한 중요성을 재발견하여 옷깃을 여미고 마음을 추슬러 올바른 길로 나를 이끌게 된다.

이 책을 읽으며 그의 내면에 축적되어 있는 하나님의 사랑 실천과 이웃들에게 봉사하는 마음에 나는 감동할 수밖에 없었다. 그는 늘 부모와 가족, 조국에 감사하며, 이웃사랑을 실천하며 살고 있었고, 자연에 순응하며 내면의 성숙을 위하여 교보문고 홈페이지 등지에서 e-book를 다량으로 구매해놓고 날마다 컴퓨터에 들어가 독서를 게을리하지 않은 사람이었다. 국민훈장 석류장의 수훈과 함께 이처럼 훌륭한 수필집을 상재하시는 청야 선생께 그간의 노고를 치하드리며 우레와 같은 박수를 보내드린다.

차례

| | |
|---|---|
| 책을 펴내며 - 김민식 | 16 |
| 축 사 - 이상목 캐나다 앨버타지부 회장 | 19 |
| 서 문 - 김순진 문학평론가 | 21 |

## 제1부 삶의 간격, 여백의 멋

| | |
|---|---|
| 는개 - 밤의 미학 | 30 |
| 계묘년 새해 단상 | 33 |
| 구정 아침 고향 생각 | 36 |
| 4월이 오면 | 39 |
| 봄의 길목에서 봄눈을 치우며 | 42 |
| 약동하는 봄의 지혜들 | 47 |
| 어머니의 왼호미 | 51 |
| 부활 주일 소고(小考) | 55 |
| 견뎌냄의 의미 | 60 |
| 삶의 간격, 여백의 멋 | 65 |
| 어머니 주일의 성만찬 | 69 |

## 제2부 내가 꿈꾸는 향유(享有)

| | |
|---|---|
| 조국의 정의 | 74 |
| 재앙을 극복하는 힘 | 78 |
| 날벼락 감사 | 82 |
| 삶의 무릎을 꿇기 전에 | 85 |
| 불발, 무덤까지의 비밀 | 89 |
| 노년의 우정 | 95 |
| 타이치 | 101 |
| 팔순의 맑은 영혼 | 104 |
| 절망을 넘어 희망으로 | 108 |
| 내가 꿈꾸는 향유(享有) | 111 |

차 례

## 제3부 6월 나의 장미여

| | |
|---|---|
| 6월 나의 장미여 | 116 |
| 로빈새 | 119 |
| 일상의 재발견 - 갈매기의 추억 | 123 |
| 어린 갈매기의 비행훈련 | 129 |
| 갈매기의 분노 | 133 |
| 봄의 전주곡 | 139 |
| 고전과 함께 노년을 | 144 |
| 열정 | 148 |
| 한인 전통예술 공연 단상 | 151 |
| 나의 아버지 | 154 |
| 캘거리 예찬 | 159 |

## 제4부 사유의 길

| | |
|---|---|
| 가을 단상 | 164 |
| 캘거리노인대학 단상 | 167 |
| 가을, 어머니의 어머니 노래 | 171 |
| 사유의 길 단상 | 175 |
| 6.25 참전 용사를 기리며 | 178 |
| 송구영신의 공간 속에서 | 183 |
| 혁신…, 위대한 교민의 승리 | 185 |
| 예기 불안의 파도를 넘어 | 189 |
| 팬데믹 삶의 어두운 터널을 지나며 | 194 |
| 2023 캘거리 스탬피드 한인 퍼레이드 | 198 |

차 례

## 제5부 누이여, 사랑하는 누이여!

| | |
|---|---|
| 누이여, 사랑하는 누이여! | 202 |
| 넬리 신 하원의원 단상 | 206 |
| 겨울의 길목, 시눅 바람 | 211 |
| No의 용기 | 214 |
| 요즘 한국의 2030 세대 | 218 |
| 가평지구전투 | 220 |
| 베토벤 합창곡 단상(斷想) | 224 |
| 만세삼창운동(萬歲三唱運動)의 힘 | 229 |
| 만둣국의 추억 | 233 |
| 젊은 로빈새의 자존심 | 237 |
| 사라진 자작나무숲 | 242 |

# 제1부
## 삶의 간격, 여백의 멋

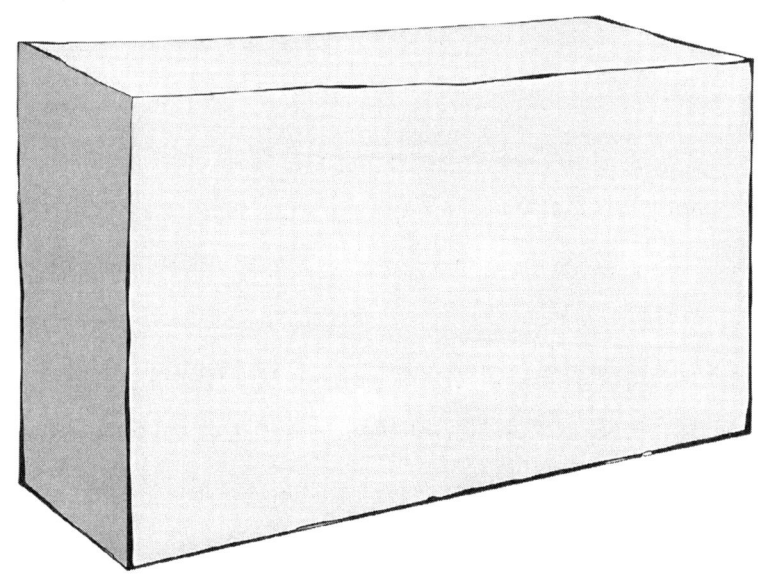

## 느개 - 밤의 미학

황홀한 저녁놀보다는 칠흑의 밤이 더 아름다워, 얼굴이 발개진 소년처럼 가슴이 울렁거릴 때가 있다. 오늘 따라 가게 오븐의 열기로 견디기가 힘들다. 나이 탓인 걸 어찌하랴. 이제는 참아낼 기운마저 줄어드니 점점 더 서글퍼진다. 가게 뒷문, 고등학교 철조망 담장을 넘는다. 밤의 찬 공기에 어느새 몸이 싸늘해지며 나의 습관이 시작된다.
목이 아프도록 길게 빼고 밤하늘을 보는 것이다.

몇 시간 전만 하더라도 오월의 요염한 노을이 로키산맥의 혼을 빼고, 시눅바람이 천지를 뒤흔들더니 어느새 어두움이 사방을 뒤덮었다. 칠흑의 찬 공기가 으슥하지만, 밤하늘의 살가운 기운에 평온을 되찾는다. 반짝이는 별들을 보면 마냥 즐겁다. 솜털 거느린 달무리는 언제나 슬픈 모습 이지만, 여린 달빛이 애처로워 하염없이 쳐다보고 있다. 마음은 어느덧 고요해지고 빈 가슴이 풍성해진다. 텅 빈 공간 속으로 밤기운이 몰려오면, 마음은 밤의 향연으로 향한다.

로키산맥을 넘느라 한참을 슬피 울었나 보다. 속 빈 구름바다, 마른 눈물로, 촉촉한 여유를 이고 온다. 오만한 자태로 매우 느린 게 여유롭다. 곧 사라질 녀석, 석별의 정을 나누는 시간이다. 너와 나, 서로 사랑을 나누며 가슴을 데우지만, 표표한 고독이 엄숙한 모습으로 밀려온다. **촉촉한 것들이 틈새를 비집고 잦아든 것이다. 젖은 고독은 촉촉한 창조와 생명의 기운으로, 여명의 새로움을 찾아 나간다.** 인생을 늙게 하며 삶을 슬프게 만드는 것은, 창조의 힘이 메마르기 때문이리라.

저녁 시눅바람이 한차례 휘몰아치더니 마른 목덜미에 이슬이 맺힌다. 살갗이 촉촉하다. 검붉게 마른 심장을 다독이는 가냘픈 소리가 들려온다. 짙은 안개 같기도 한, 희뿌연 무리가 밤바람을 타고 밀려 들어온다. 제 무게에 눌려 춤추지 못한 외로움을 달래려는가.

나의 얼굴에 스멀스멀 착 파묻곤 촉촉한 키스로 짜릿한 애무를 한다. '는개' 향연이 막 시작되고 있다. 같은 물방울인데 안개는 끼어 있고 는개는 내린다. 안개는 밤새 현란한 춤으로 덧없는 소멸을 하지만, 봄 는개는 대지를 촉촉이 적셔가며 새롭게 만든다.

'는개'는 예지의 신비한 비밀과 정을 가득 담은 따뜻한 물방울이다. 보슬비, 가랑비, 이슬비처럼 '비'자 돌림이 아니다. 안개보다는 조금 무겁고 굵어서 비답지 않은 여린 비, '축 늘어진 안개'를, 옛 선조들은 '는개'라고 불렀다. 는개의 간지러운 애무에 파묻혀 철조망 담장에 바짝 붙은 70년생 미루나무가 오랜만에 가로등 불빛 아래 기분 좋게 웃고 있다. 이태리포플러 교배종을 나는 미루나무라고 부른다.

가게를 인수하고 25여 년이 훌쩍 지나는 동안, 무서운 생장과 풍우의 고통, 아픔 속에서도 꿋꿋이 명을 이어온다. 미루나무 우듬지가 가로등 아래에서 반갑게 맞이하던 때가 엊그제 같은데, 우듬지의 길이는 어느새 가로등의 2배 정도의 길이로 생장했다. 미루나무가 는개에 촉촉이 적셔진다. 미루나무는 이른 봄 는개의 물방울 은덕에 몸속의 독을 뱉아내며 봄을 예고한다. 반가움에 가지들을 한참 주무르면 주무른 양손에 고약한 독성의 악취 때문에 종일 고생을 한다. 겨우내 쌓인 노폐물을 몸 밖으로 퍼내고 는개의 새로운 물방울을 흠뻑 마시고 있는 것이다.

는개를 머금은 미루나무 잎사귀들이 가로등 불빛에 반짝이며 오월의 밤 향연을 즐기고 있는 것이다. 양손으로 한참을 비벼댄 손바닥의 미루나무 향내가 이제는 싱그럽다. 는개 속에 싸인 미루나무의 모습이 위엄한 자태로 다가온다. 몇년 전 늦가을 폭설로 큰 가지들이 뚝뚝 잘려 나가 볼품이 없던 앙상한 자태가 거룩한 어머니의 모습처럼 다가온다.

2월 겨울밤의 캘거리 는개는 싸락눈이나 상고대 눈꽃처럼 화려함을 넘어, 한순간 대지를 촉촉하게 적시며, 봄의 전령사 노릇을 하지만 오월의 는개는 촉촉한 것으로 창조를 선물한다. 는개 덕분이다. 동일하게 반복되는 일상의 더러운 것은 뱉어내고 새로운 창조를 만드는 미루나무처럼, 삶의 이 순간에, 또 뿌듯한 밑줄을 긋는다.

## 계묘년 새해 단상

먼동의 아침노을이 구름 사이로 이글거립니다. 임인년에 이어 계묘년 새해 아침에도 지척의 로키산맥 사우스웨스트 남서쪽 유대인 CHEVRA CADISH CEMETERY 공동묘지 언덕을 선택하고 일출을 맞았습니다.

구름에 가려 예정 시간을 넘기며 기다리는 마음 내내 희망의 소식보다는 어두운 새해 소식들로 점철된 신문 기사들이 아른거려 우울하고 불안한 기운을 떨쳐버릴 수가 없었습니다.

드디어 아침 해가 잿빛을 뚫고 하루를 시작해 일 년을 밀어 올리는 이 순간, 하얀 온 세상이 출렁이는 금빛 물결로 넘실거립니다.

로키산맥, 끝이 없이 드넓은 유채 벌판이 나의 언어로는 도저히 형언할 수 없는 신비롭고 선한 모습으로 다가옵니다. 자연의 세상은 나에게 매일 계속해서 자기의 신비로운 모습을 보여주고 있습니다. 세상이 말과 시인의 언어로 표현할 수 있는 것만 보여준다면 노년의 생활은 삭막해서 견딜 수 없을 것 같습니다.

형이상학적인 존재 문제만은 아닐 것입니다. 세상에 말로 형언할 수 없는 것은 존재하지 않는 것이 아니라 나에게 이 순간에도 선함과 신비로움으로 다가오고 있기 때문입니다. 삶의 진리는 직선이 아니라 곡선입니다.

변화무쌍한 생명체들이 매일매일 다름으로 변하고 보여주고 있기 때문입니다. 겨울에 접어들어 신들린 듯 매일 걷기운동을 계속하고 있는 것도 다름의 미세한 것들을 보고 듣기를 갈망하기 때문일 것입니다.

12월 강추위에도 아랑곳하지 않고 그렌모어 호수길을 주머니 속의 핸드폰 행진곡에 발맞추며 45분 동안 같은 길을 빠른 걸음으로 걷고 있습니다. 눈으로 덮인 세상을 혼자서 걸으면 보이지 않는 것들을 보여줍니다. 눈 밟는 소리도 저 멀리 로키산 위를 노니는 구름의 모습들도, 바람소리들도, 눈 속에 매일 수놓은 코요테의 발자국의 흔적들과 눈더미의 무게에 층층이 휘어진 자작나무 오솔길이 선반으로 보이는 것도 다름의 사유들입니다.

이 둘레길은 이제 고향길처럼 포근합니다. 지난 주말에는 저녁노을이 지고 어둠이 짙은 시간에 피자 배달을 갔다가 문득 그리워 다시 찾았습니다. 아침에도 걷던 길, 마침 그 시간에 멀리 저수지 건너 코요테의 호홀링 소리들이 들려왔습니다. 그 순간 개들의 울부짖는 소리들이 연이어 들렸습니다.

아우러진 화음들은 로키 바람을 둘둘 말아 감은 채 백설의 호수를 타고 앙상한 자작나무 숲에서 또다른 화음으로 합창을 했습니다. 귓전에 울리는 천상의 소리, 어느덧 눈가에 눈물이 한아름 고였습니다.

주일과 새해 공휴일이 겹치는 새해 아침, 서로 다른 교회를 섬기는 가족들은 한 번도 거른 적이 없는 새해 아침 떡국 모임도 취소당하고 나는 Centre Street Church 주일예배에 참석했습니다.

한국인 청년이 이끄는 밴드 보컬팀이 은혜로운 찬양을 이끌었습니다. 추남호 교민의 자랑스러운 아들이었습니다. 오늘도 설교시간의 누가복음

19장 삭개오 설교 말씀을 복기하며 호숫길을 걷고 난 후, 한인회 신년 하례식에 참석했습니다. 밤늦도록 가게에서 일을 끝낸 후 눈꺼풀이 가물거려도 세상이 자기의 신비를 지금도 계속 보여주고 있는 한, 노년의 삶은 살아갈 만하다고 고백하며 첫날을 마감했습니다. 나는 이 세상에 아무것도 가지고 온 것이 없는데 마음을 비우며 로키산맥을 바라보고 걸을 때에 나타나는 이상하고 신비한 용기에 감사의 기도가 넘칩니다.

이제 가게를 인수한 지 어느덧 29년의 세월이 흐르고 있지만, 이 늦은 시간이면 끊임없이 물어보는 '나는 누구인가?' '타자를 어떻게 하면 기쁘고 즐겁게 할 수 있을까?' 인생의 철이 들 때까지 삶의 화두는 계속될 것입니다. 매우 힘들고 어려운 질문을 겸손한 마음으로 스스로 선택했습니다. 삶으로 무르익어 가기를 새해 첫날에 기도합니다.

## 구정 아침 고향 생각

설날 아침 새벽이다. 마음은 이미 고향에 있는데, 이 몸을 초승달 쪽배에 태우고 훨훨 날아 부모님의 묘지에 내려주면, 총총한 별빛 아래 찬송을 부르며 펑펑 울고 싶다. 세상 떠난 동생들을 찾아 분향하며 참회로 용서를 빌고, 형제들과 친척들, 어릴 적 친구들을 만나고 싶다.

만주에서 장남으로 태어나 부모님 따라 여러 곳을 이주하며 떠돌아다녔으니 이향민(離鄕民)이고, 전쟁으로 북쪽 고향을 강제로 떠난 실향민(失鄕民)이다. 힘든 생활 때문에 가족을 이끌고 머나먼 타국 땅에서 타국살이를 하고 있는 나는 분명 고향 떠난 나그네, 현실이 더욱 서글프다.

세월이 흐를수록 나그네의 설움은 점점 깊어 가고, 고향을 그리는 마음이 더해져 향수(鄕愁)의 병이 들기 시작한다. 나그네 이민자의 고향 생각은 하늘만큼이나 높고 소중한 것, 우울해지며 존재의 상실로 발전할까 두렵다.

고향, 나지막한 소리로 읊조리기만 해도 고향 산천이 펼쳐진다. 고향은 내가 태어난 곳이고 어린 시절 자라면서 정이 깊이 들었던 곳이 아니던가. 복잡한 고향의 의미와 정의를 가슴에 이고 살아도 나의 고향은 늘 포근한 곳이다. 나그네 인생은 죽을 때까지 포근한 고향 집을 향해 달려가는 길고 긴 여정인지도 모른다.

고향의 소리들이 생생하게 들려온다. '재첩국 사이소.' '찹쌀 떠억 사려.' '따끈한 두부 왔심더.' 새벽이면 손에 든 딸랑 종을 흔들며 새벽을 깨우는 찹쌀떡, 두부 장수 아저씨, 머리에 똬리를 틀고 재첩국을 이고 가는 아줌마들의 고함소리들이 요란하면 뻐꾸기도 놀란 양 앞산과 뒷산에서 '뻐꾹 뻐꾹'하며 연신 울었다.

구정 전날, 아침 일찍 아버지께서 손수 지어준 판잣집 토담 공부방으로 마을 이장 김 영감이 찾아왔다. 헌 담요를 뒤집어쓰고 시험공부를 하고 있었다. "아직 아침 안 묵었지? 나하고 아침 묵고 오늘 손자들 숙제 좀 가르쳐 줄 수 있나?" 나는 얼른 따라나섰다. 김 영감은 마을 부잣집이라 그 집의 논밭을 밟지 않고는, 그 마을을 지나칠 수 없을 정도의 부유한 종갓집이다. 큰 기와집에 너른 마당, 하인들이 구정 설 준비에 여념이 없다. 열 칸도 넘는 방을 지나서 공부방에는 손자와 손녀가 새파랗게 질린 채 기다리고 있었다. 손자는 나와 중학교 2학년 같은 반 친구이고, 두 살 아래 손녀는 초등학생이다. 나는 상위 성적을 유지해야 자격이 있는 반장이었고 그 친구의 성적은 늘 하위를 맴돌아서, 방과 후 벌로 화장실 청소를 하기 일쑤였다. 해가 뉘엿뉘엿 지고 나서야 공부방을 나왔다. 기다리고 있던 영감님이 안방으로 불렀다. 그렇게 호화롭고 큰 안방은 처음 구경했다. 세배를 했다. "세배 돈 받거라." 받아 든 흰 봉투가 두툼하다.

다음 날 새벽 아침, 재첩국 장사 아줌마의 외침에 달려 나갔다. "남은 재첩국 다 사면 얼마인교?" 봉투에서 돈을 꺼내 건넨다. 아줌마가 눈이 휘둥그레진다. "니 무슨 돈이 이리 많노" "어제 이장님이 주신 세뱃돈입니더." 온 가족이 이틀을 먹고도 남은 기억이 자랑처럼 생생하다. 가난했지만 늘 당당한 소년의 모습이었다.

공부하다 배가 고프면 마을 정자나무 우물가로 달려간다. 물을 한 사발 들이켜고 물배 채우면 까치가 깍깍 울어대며 반긴다. 따뜻한 인정이 넘치는 고향 마을이었다. 이렇듯 어린 시절의 꿈과 낭만이 깃들여진 정든 곳이요, 시간과 공간을 초월하여 마음속에 자리 잡은 아스라한 추억들이다.

구정 새해 아침, 며느리가 아이들 학교에 태워다 주고 아침 일찍 김장을 도우러 왔다. 한국 식품점에서 한국 배추 4상자에 60불을 주고 사들인 아내는, 며칠 전부터 싱글벙글 신바람이 났다. 지금의 고물가 시대에 값이 싸고 단맛이 나는 상품의 배추를 사들인 쾌감 때문이다. 배춧속을 버무리는 일 등 힘든 일과 설거지는 나의 몫이다. 끝나면 11시 노인회 주최 점심 모임에 참석하고, 가게에서 일을 하다 오후 7시 합창반 삼일절 기념 예술제 참가를 위해 연습에 가야 한다.

이렇듯 구정 아침의 고향 생각은 아련하게 저 멀리 있는, 달려가야만 하는 염원과 현실의 간격 속에서 늘 존재하지만, 공수래공수거(空手來空手去)의 인생은, 일생을 고향 집을 향해 달려가는 인생과 동일한 개념이어서, 다시 운명의 덤덤한 생각으로 돌아가곤 한다.


앞산 노을 질 때까지 호밋자루 벗을 삼아 화전 밭 일구시고
흙에 살던 어머니 땀에 찌든 삼베 적삼 기워 입고 살으시다
소쩍새 울음 따라 하늘 가신 어머니 그 모습 그리워서
이 한밤을 지새웁니다

- 작사작곡 이관희, 노래 태진아 「사모곡」 전문

## 4월이 오면

　전례가 없는 가벼운 흥분과 초조한 마음으로 특별히 4월을 즐길 것이다. 연두색 찬란한 생명력을 흠모하는 극성은, 해를 거듭할수록 열기를 더해간다. 쌓이는 연륜의 생명현상으로 애써 감추지만, 올해의 기분은 남다르다.
　인생의 반환점 정상에 올라서, 잠시 서 있다는 현실이 애써 자랑스럽고 스스로 대견해서, 겨우내 새로운 나를 탐구하기로 마음을 굳게 한 탓일까? 오는 두려움 따위에 삶이 움츠러들세라 독서와 운동으로 마음과 몸을 추스르며 긴긴 추위와 씨름을 한다. 미처 상상하지 못했던 생기(生氣)들이다.
　막연히 건강을 위해서, 취미로 하는 운동이 아니다. 지금은 내가 꼭 살아서 해야 될 일들이 있어서 하는 생명 운동이니 용두사미(龍頭蛇尾)가 되지 않도록 단단한 결심을 했다. 정성을 다한 운동이다. 바쁘고 피곤해서 하루쯤 쉬고 싶을 때도 있지만 생명에 관한 문제로 인식되니, 중단할 수가 없다. 4월이 오면 집 앞 Fish Creek Park의 산책길을 걸으며 생각의 김도 맬 것이다.
　독서를 일상의 취미로 삼는 분들에게는 우스갯소리 같은 이야기로 들릴 것이다. 서재에는 5단 책장 5개에 책을 가득 채워 넣어두고 필요할 때마다 꺼내서 부분 부분을 읽곤 했지만, 어느 책 한 권 제대로 완독하지 못해 부끄럽다. 지성(至誠)이면 감천(感天)일까? 4월을 기다리며 가벼운 흥분이 이는 것은 언제 어디서나 책 읽는 즐거움에 빠져들 것이란 생각에 상상만 해도 즐겁다.

한낮의 로빈새 노래가 들려오면, 휘영청 밝은 달빛 아래서, 유난히 별빛이 반짝이는 별빛을 바라보다가 차를 한적한 곳에 세우고, 차 창문을 열고 책을 읽을 것이다. 암흑 속에서도 읽을 수 있으니 인고를 견디고 지내온 자신에게 감사를 보낼 뿐이다. 뒤늦게 독서에 몰두한다는 것은 나에게는 잔잔한 기적 같은 일이다.

이곳에선 한국어 서적들을 구입하기도 쉬운 일이 아니고, 갈수록 눈이 침침해지고 피로감이 더해져 책장을 한 장 넘기기가 매우 힘들고 곤혹스러운 일이었다.

그런데 이런 일들이 모두 해결되었다. 인터넷 e-book 덕분이다. 양서를 언제든지 클릭 한 번으로 마음대로 구입해서 활자 크기도 조정하고, 메모도 하며 중요한 부분은 색칠도 한다. 나의 컴퓨터, 노트북, 태블릿 PC, 휴대폰이 서로 동기화(同期化) 시스템으로 연결되어 있어 언제 어디서든 읽을 수 있고 책장 색깔도 자동으로 명암이 조절되어 오래 읽을 수 있는 이런 기회를 놓일 수 없다.

종교, 인문학 서적 등을 주로 구입해서 내 서재 공간을 만들었다. 필요할 때 언제 어디서든 손쉽게 찾아내 읽는다. 난해한 부분은 저자의 강의도 동시에 동영상으로 직접 시청하며 공부한다. 겨우내 몇 권의 두툼한 책도 완독했다.

내가 4월을 기다리는 또 다른 이유가 있다. 4월 23일 토요일 오후 6시 Jack Singer Concert Hall에서 'Roberto Minczuk'의 지휘로 〈Calgary Philharmonic Orchestra(CPO)〉, 150여 명의 〈Calgary Philharmonic Chorus〉 단원과 함께 〈베토벤 교향곡 9번 합창, Ode to Joy : Beethoven's Ninth Symphony〉 공연에 '캘거리한인합창단'이 참가하는데 단원으로 참석한다.

몇 개월 동안 독일어로 연습하느라 곤혹스러운 시간들이 한두 번이 아니다. 지금도 캘거리순복음교회 대강당 예배실에서 김하나 지휘자, 박현미 반주자의 헌신적인 지도로 매주 화요일 2시간 연습을 강행한다. 단원들이 보람을 넘어 한인들의 자긍심을 지키기 위한 결의가 대단하다. 매일 집에서 개인연습을 하지 않으면 단체연습에서 곤욕을 치른다. 4월이 오면 나는 일상의 시간에서 좀 더 많을 시간을 만들어 운동과 독서와 합창 연습에 매진할 것이다.

# 봄의 길목에서 봄눈을 치우며

　이른 새벽부터 뿌연 하늘에 진눈깨비가 흩날린다. 나의 집앞 꽃밭의 희끗희끗한 잔설(殘雪) 더미 위에 맥없이 내린다. 시샘하는지 봄의 길목을 전다. 오후쯤이면 게눈감추듯 사라질 봄눈이지만 봄눈은 바라보기만 해도 즐겁다. 하기야 5월에도 가물에 콩 나듯 캘거리엔 춘설이 있다. 그러나 봄눈은 대체로 4월 중순이면 끝난다. 작년 늦가을 초설(初雪)을 삽질하며 즐거워하던 기억이 엊그제 같은데 마지막 춘설이라니…. 가고 오는 빠른 세월을 누가 붙들어 맬 수 있을까? 여린 봄 냄새가 이미 온몸을 나른하게 적시며 나의 가슴속으로 바싹 다가온다.
　그렇게 서슬이 시퍼레서 기세등등하던 동장군(冬將軍)도 연약한 봄기운에 맥없이 무너져 가는 모습이 애처롭다. 전례 없는 강한 시눅 바람이 3주째 강행군하며 봄을 몰고 온다. 간간이 영상 16도의 초여름 같은 날씨로 기세등등하지만, 밤 기온은 여전히 영하 3~4도를 오르락내리락 계절의 틈새로 방황한다. 동장군 패잔병들이 밤새 행패를 부렸는지 아침 햇살은 따스한데, 어린 싹들의 곤혹스럽고 지친 모습이 역력하다. 그러나 벌써 집 주위를 소리 없이 점령한 봄의 전령사들은 물러설 줄 모르고 봄의 노래를 부른다.

긴긴 겨울 동안 움츠렸던 것들이 기지개를 펴며 부활한다. 수놈 로빈새의 청아한 짝짓기 노랫소리가 쩌렁쩌렁 미명(未明)의 공기를 가른다. 부활 주일 연합예배에 참석하기 위해 새벽 5시에 집을 나섰다. 매년 6시 동틀 무렵 노래하던 로빈새가 공해의 시끄러운 소음 때문에 새벽 4시부터 노래하기 시작한다. 부지런하다. "찌르찌르 찌…륵." 자기의 영역을 점령하고 확인한 수놈 로빈새들의 암놈을 유인하는 노랫소리는 천상의 소리다. 하늘나라가 내려온다. 이 세상에서 저렇게 고운 목소리가 또 있을까? 민들레보다 일찍 꽃망울 틔우는 부지런한 꽃밭의 할미꽃! 천진난만한 모습으로 쫑긋거린다. 나는 할미꽃을 볼 때마다 어머니 생각에 눈물이 글썽거려 남몰래 눈물 훔치곤 하는 계절도 봄이다.

해발 1,000m 넘는 고원지 삶의 담백함도 좋아하지만, 사계절 내내 변덕 심한 일교차(日較差)에서 체험하는 자연의 경외심을 사랑한다. 록키 산마루 만년설을 바라만 보아도 마음 자세를 경건하게 만든다. 오일(Oil) 경기의 호황이 빚어낸 호사스러운 집들과 차 소음에 넌더리가 날 법도 하지만, 이런 것들이 어찌 사계절의 정겨운 것들을 이겨낼 수가 있으랴? 사계절 중에서 봄을 특별히 사랑한 건 나이 육십을 넘기고부터다. 계절이 바뀌고 해를 거듭할수록 생의 기운은 점점 시들어 가니 서글퍼진다. 하지만 봄의 길목에 서서 심호흡을 하면 생기(生氣)가 돌아나고 삶의 용기가 솟는다. 봄의 생기는 어린아이같이 해맑은 것, 마음의 탐심을 저만치 밀어내니 마음이 가벼워진다. 빈 마음엔 사랑과 자비가 자연스레 스며들고 관용의 지혜가 자리 잡는다.

봄을 사랑한다. '심령이 가난한 자는 복이 있나니 천국이 저희 것임이요….' 심령이 가난하다는 것은 무슨 의미일까? 하나님을 향한 가난한 마음이리라. 나는 하나님을 향한 가난한 마음을 봄에 충전을 받는다. 하나님 나라를 소유하는 기쁨을 봄에 느낀다. 로빈새는 수백 km를 날아오고 가는 도중에 절반 정도가 맹금류에 잡혀 죽는 슬픔 속에서도 제집을 찾아와서 노래한다. 식물들도 싹을 틔우며 해방을 노래한다. 나는 이 모든 고통과 역경을 이겨내고 약동의 기쁨을 노래하는 자연에 심취하는 생활만으로도 오늘 하루의 삶이 족하다. 하나님을 향해 무엇을 더 달라고 욕심의 기도를 드릴 수 있을까? 봄의 축복은 역경과 고통을 싸워 이겨낸 자들만이 소유할 수 있는 것! 오늘 하루도 건강하게 일할 수 있도록 기회 주신 것에 감사하고 자비와 사랑의 마음을 늘 품도록 베풀어 주신 은혜에 감사한다. 그것으로 족하다.

캘거리 이른 봄의 진미는 역시 봄눈이다. 캘거리 춘설(春雪)! 어찌 금상첨화가 아닐까? 북쪽의 찬바람과 싸워 이기고 시눅 바람을 타고 개선장군처럼 내려온다. 삼사월에 오는 캘거리 봄눈은 대개가 도둑눈이요 가랑눈이다. 봄의 전령사답게 비릿한 봄 냄새의 향기를 품고 온다.

지난 사월 초순이었던가? 10여 년만의 강설(降雪)이라 했다. 10cm의 적설량을 동반한 제설(除雪)의 즐거움을 잊을 수 없다. 가게 일을 마치고 자정 늦게 집 앞에 도착하니. 가루눈이 밤바람 타고 오르락내리락 현란한 춤을 춘다. 집 앞 가로등 불빛을 무대 삼아 밤눈이 멋진 춤을 추고 있다. 수천수만 하늘의 천사들이 내려오며 앞마당에서 어울려 춤을 춘다. 아직도 수북이 쌓인 눈과 꽁꽁 언 땅 때문에 치우지 못한 성탄 조형물들, 지난해 설치한 산타클로스 군상들, 전구박이 사슴들, 내 키만 한 높이의 나팔 부는 게이브리얼 천사상(天使像)을 12월에 태어난 손자를 위해 11월 일찍 설치했다. 한데 어울려 나팔 불며 춤추며 신명 나게 돌아간다. 사랑하는 손자 담헌(Gabriel)이가 천사들의 호위 속에 며늘아기 품속에서 새록새록 잠들고 있으리라.

고요한 적막 속에 하늘나라가 임한다. "하늘나라는 마치 누룩과 겨자씨 같습니다!" 예수의 말씀이 들려온다. 불과 삼십여 분 만에 누룩처럼 온 세상을 하얗게 변화시킨다. 내일 한낮이면 봄눈이 녹아 겨자씨처럼 싹을 틔워 초록빛으로 세상을 바꾸리라. 내 어찌 집 앞의 숫눈 길에 차 바퀴 자국을 먼저 남기리오! 차를 세우고 첫 발자국을 남긴다. 조심스럽게 똑바로 걸어가며 흔적을 남긴다. 남은 인생의 흔적도 투명하고 정직한 흔적을 남기고 싶다.

봄눈을 치우려면 일찍 일어나야 한다. 봄눈을 치울 때는 여유와 느림이 있어야 제맛이 난다. 맑고 고운 마음을 품으며 치워야 제맛이 난다. '드~르~륵, 드~르~륵' 눈삽으로 눈 치우는 소리가 여리고 느린 소리여야 한다. 겨울눈이야 강추위 때문에 '드륵드륵' 눈 치우는 소리가 삭막하고 빠르다. 빨리 집에 들어가고픈 마음 때문에 서둘러 치우다간 허리를 다치는 경우도 있다. 봄눈을 치울 때는 겨울보다 갑절의 시간이 필요하기 때문에 일찍 일어나야 한다. 아침 햇살이 눈 속을 스미기 전에 눈을 치워야 한다. 아침 햇살이 비춰면 어느새 눈바닥이 철벅져서 눈삽이 무거워진다. 힘들어지면 봄눈에 짜증을 낼까 두렵다. 가는 겨울의 아쉬움과 오는 봄을 머리와 가슴으로 느끼며 흥얼흥얼 노래하며 눈을 치워야 제맛을 느낀다.

간간이 남쪽 담벼락 밑 잔디밭에 쌓인 눈을 발로 툭툭 긁어내면 연초록색 잔디들이 새록새록 보이고, 앞마당 할미꽃 꽃망울은 옹기종기 고개 숙인 채 쫄망거린다. 여유롭게 보는 즐거움을 느끼며 눈을 치워야 제맛이 난다.

나는 봄눈에서 인생의 사는 법을 배운다. 춘설은 내리면 얼마 지나지 않아 사르르 녹는다. 도무지 구질구질해 보이지 않는다. 봄눈이 녹으면 그 물로 봄꽃을 피우며, 언 땅을 녹여서 로빈새가 잔디밭 지렁이를 찍을 수 있게 도움을 준다. 봄눈이 녹으면 온 세상을 희망의 초록빛으로 변화시킨다. 나도 봄눈같이 녹아져서 이웃에 조그마한 밑거름이 되고 싶다. 교민 사회를 변화시키는 작은 기둥이 되고 싶다. 봄눈 녹듯 굳은 마음들을 사르르 녹이고 싶다. 봄눈처럼…….

## 약동하는 봄의 지혜들

　존경하는 Y형! 멀리서 봄의 소리가 연신 들려옵니다. 밖은 아직 영하의 찬바람으로 가득한데 양지바른 구석진 곳의 눈덩이를 발로 툭툭 치니, 파란 잔디 사이사이로 민들레 어린 새싹이 겁도 없이 방실거립니다. 우크라이나 피난민 행렬의 아이를 업은 어미 품속에서 방실거리는 천진난만한 어린아이 모습처럼 말입니다. "아직은 안돼!" 나는 화들짝 놀라 눈더미를 다시 만들어 덮었습니다. 주위는 아직도 누런 겨울잠을 자고 있는 중입니다.

　가게 뒤뜰의 포플러 나무의 잎 봉우리가 삐쭉삐쭉 고개를 내밀며 철부지 노래를 신나게 부르고 있습니다. 그러다가 불현듯 한파가 들이닥치면 쥐 죽은 듯이 성장을 멈추고 오글거린 채 기다리곤 하지요.

　엊그제 문득 봄을 노래하는 CD 한 장을 사려고 음반 가게로 향하다가 평소에 보아 두었던 명품 중고 가게를 기웃거렸습니다. 그런데 이게 웬일입니까. 귀하고 오래된 클래식 레코드판과 CD가 잔뜩 쌓였는데 10여 장을 아주 저렴한 가격으로 구입했습니다. 30여 분을 머물며 레코드 한 장 한 장을 살폈습니다. 100여 개가 넘는 클래식 레코드판이 거의 손때가 덜 탄 채 한 장에 2~3달러 정도인 것으로 보아 음악 애호가 어느 분이 세상을 떠나면서 기증한 것 같습니다.

제작 연도는 조금씩 다르지만 내가 소장하고 있는 800여 개의 레코드판과 대부분 유사한 것들이 많았습니다. 그래도 욕심이 발동했습니다. 순간 나는 눈을 번뜩이며 "모두를 구매하리라. 매니저와 의논하면 조금 저렴한 가격으로 구매할 수 있지 않을까? 가격을 다 지불하더라도 살 것이다."라 생각했습니다.

그런데 이내 생각이 바뀌었습니다. 다른 애호가들을 위해서 단호하게 체념했습니다. 팬데믹 기간을 거치면서 자신이 어느덧 조금씩 성숙한 성장을 하고 있다는 것을 깨닫게 되었습니다. 그중에서 Schubert 가곡, 교향곡 전집 CD 3매를 4불에 구매했습니다. 인터넷에서 해설을 미리 들어서 그런지 운전 중에 들으면 즐거워 피로가 싹 사라집니다. 팬데믹 시련 가운데 홀로 서 있어도 삶은 성숙해만 갑니다. 감사하지요.

존경하는 Y 관장님, 팬데믹 불황의 시대에 궁하면 통하는가 봅니다. 요즈음은 피자 재료 구하느라 전력투구합니다. 가게를 인수하고 28년 동안 이렇게 열심히 일한 기억이 없습니다. 도매상에서 선착순 재료를 구매하느라 새벽 7시 전에 도착해서 기다리다 mushroom 몇 상자를 겨우 구했습니다.

돌아오는 길에 맥도널드에 들러 커피 한 잔과 주머니 속의 마들렌 케이크 몇 조각을 먹으며, 휠더린의 서사시 e-Book을 읽습니다. 어느새 감동의 눈물이 글썽거립니다. 4,000불의 비용을 지불하고 수술한 Alcon사 제품의 다초점백내장렌즈의 후유증으로 두 달이 지난 지금도 고생하고 있습니다. 눈물 안약을 하루에 예닐곱 번 넣는데 오늘은 촉촉한 눈물 때문에 적게 넣어도 될 것 같습니다. 아직도 일할 수 있다는 데 감사함이 밀려옵니다. 천국이 이랬으면 좋겠습니다.

　식재료값이 연일 폭등하는 걱정보다 도무지 재료를 살 수가 없는 걱정이 앞서서, 가격표를 보지 않고 무조건 구매합니다. 식당 영업이란 떡고물이 묻어도 묻어오는 법이지요. 주말 재료를 다 구해서 오늘 내일, 한나절 자유의 기쁨을 만끽하려고 합니다.

　가게 히터가 말썽이나 며칠을 고생했습니다. 예전 같으면 기술자를 불러 모터를 갈고 클리닝하는 비용을 족히 600불 정도 지불했을 겁니다. 한번 내부를 뜯어 살폈더니 모터 벨트가 거의 끊어지려고 느슨했습니다. 벨트를 새것으로 사다가 갈고, 상업용 필터마저도 갈았습니다. 내부를 청소하는 지혜가 생긴 것이 참으로 신기합니다. 35불을 지출했습니다.

　13년 사용 중인 집의 세탁 건조기가 갑자기 쿵쾅거리며 고장이 난 것 같았습니다. COSTCO에서 새것으로 교체하려고 노심초사 중 유튜브에서 밸런스를 맞추어 보라는 조언을 듣고 조정했더니 잠잠해졌습니다.
궁하면 통하는 진리를 깨닫습니다.

　진리는 진리라고 말하는 순간 더 이상 진리가 아니라고 외치는 철학자의 글이 생각납니다. 지혜로 다듬은 생활 철학의 묘미를 이제야 터득하며 배우는 중입니다.

　소소한 기쁨을 즐기다 보면 팬데믹 세월이 빠르게 지나갑니다. 작은 것들이 보이고 자연의 여린 소리들이 들려오기 시작합니다. 힘이 들면 지천의 자작나무 숲을 걷곤 합니다. 철벅거리는 발자국들의 이야기를 듣습니다. 사슴들과 코요테들이 추격전을 벌이며 쫓고 쫓기는 소리들이 들리는 듯합니다. 낙엽 위 적설 밑으로 남긴 동물들의 어지러운 발자국, 평소보다 깊이 팬 흔적들이 선명하고, 매우 큰 보폭으로 미루어 삶의 치열한 소용돌이가 한바탕 지나간 듯합니다.

  삶의 소리들이 자작나뭇가지에 걸려서 우짖는 소리들, 그 자연의 은은한 소리가 성스럽습니다. 심연으로부터 들려오는 어머니의 음성 같은 것입니다.

  엊그제 집을 나서며 집 앞 인도 길 얼음장 밑으로 졸 졸졸 흐르는 여린 물길 소리, 봄의 노랫소리를 들었습니다. 며느리에게 억지로 끌려가서 제작한 보청기를 끼고 듣는 것처럼 내밀한 자연의 소리들이 들려옵니다. 요즈음 눈을 치울 때 인도 옆 가느다란 물길까지 치우는 습관이 들었습니다.

  그러면 얼음이 얼고 얼음장 밑으로 흐르는 눈 녹은 물이 춤추며 노래하는 소리를 보고 듣습니다. 동네 Circle을 한 바퀴 빙 돌아도 가녀린 물길 도로는 아직 하얀 눈더미로 덮여 있었습니다.

  봄은 기다림의 준비된 자에게 먼저 찾아오는가 봅니다. 소확행의 의미를 이제야 깨닫는 봄의 소리들, 나의 소중한 중년의 가을은 이렇게 열매를 맺으며 지나가고 있습니다. 가게로 일하러 갈 시간이라 이만 총총 붓을 놓겠습니다.

## 어머니의 왼호미

 가을이 점점 진하게 물들어 간다. 험난한 이민 생활 스물세 해가 어느새 훌쩍 지나간다. 이번 겨울을 넘기면 일흔 고개를 넘어가는 서글픔 때문인지, 올해 막바지 계절엔 어머니가 몹시도 보고 싶어 가슴이 저려온다. 어느새 눈물이 글썽거리며 자판기가 흐려진다. 이 나이에 진한 그리움들을 이겨 내기가 여간 힘든 일이 아니다.
 문득문득 어머니 손을 만져보고 싶다. 훗날 가보로 남겨두려고 깊은 나무 상자 속에 넣어 고이 간직해 두었던 옛 호미를 다시 꺼내 꼭 잡는다. 일하실 때의 거친 손과 임종하실 때의 어린아이같이 보드라운 손의 체온이 번갈아 살며시 다가온다. 어머니의 영혼이 회귀하는 환상은 어머니가 사용하셨던 왼호미 때문이다.
 추억을 더듬어 추산해보니, 어머니가 춘천 대장간에서 특별 주문해 만든 지 어언 오십 년도 더 넘은 호미다. 호미는 살짝 비틀린 날의 모양과 방향에 따라 일반 호미와 왼호미로 구분되는데, 왼손잡이는 일반 호미를 사용할 수 없다. 주로 왼손을 사용하시는 어머니는 호미의 날은 비틀지 않고 날의 방향만 왼호미로 만들어, 힘이 부치면 오른손도 사용할 수 있는 겸용으로 사용하셨다. 불현듯 집을 찾아가면 아버지는 호미, 낫, 괭이

삽 등을 마당 앞에 즐비하게 늘어놓고 여러 개의 크고 작은 숫돌로 간간이 갈고 계셨는데, 늦가을 추석 무렵에는 '호미씻이'를 하느라, 농기구의 날들을 갈고 깨끗하게 손질해서 고방 벽에 가지런하게 정렬해 걸어 놓았다. 마치 서가에 진열한 책들처럼, 삼태기 코뚜레 갈고리 등과 어우러져 고방 벽 사방에 걸려 있었다. 어쩌면 어머니의 서가는 부엌 옆에 달려 있는 고방이었으리라.

이민 떠나기 전날 마지막으로 홀로 어머니를 찾아뵈었다. 하산을 권유하려고 작심하고 찾아갔다. 삼십 년 이상을 밭농사를 하시느라 그렇게 뚱뚱하고 육중하시던 분이 홀짝 마르셨다. "서울에 형제들이 많은데 혼자서 왜 이 고생을 하며 별스레 예수를 믿어요! 형제들 집에서 조금만 참고 지내시면 제가 모시러 오겠습니다." 온 손이 부르트고 군살이 손에 알알이 박힌, 흙 때 묻은 검은 손을 보며 장남인 나는 애원을 했다. 그 많은 면박에도 '철저한 예수쟁이 권사 어머니'는 꿈쩍도 않으셨다.

마지막으로 집을 한 바퀴 둘러보며 고방으로 들어갔다. 그렇게 작은 호미가 어디에 또 있을까? 무딘 호미 날은 갈고 갈리어 반 뼘의 가냘픈 날로 변해서 나지막하게 걸려 있었다. 호미 날에선 어머니의 땀방울이 흠뻑 밴 자루가 반들거리며 향긋한 냄새를 풍기고 있었다. "아! 어머니의 호미다." 나는 그때 어머니 대신 호미를 모셔가기로 했다. 지금도 어머니의 피땀이 묻어 있는 호미를 만지면 어머니가 느껴지고, 어머니의 음성이 들려온다.

추석 명절에 찾아가면 으레 "잠깐 기다리며 쉬고 있어."라며, 이내 흰 무명 수건을 질끈 동여매신다. 왜 바지(몸뻬)는 늘 어머니의 잠옷이었고, 농사일들 때문에 새벽 2시에 열리는 기도원 새벽기도회에 갈 때, 등불 든 채로 입는 작업 바지였다. 그 호미는 망태기를 멘 채 왜 바지에 허리춤에 호미를 차고 산을 재빠르게 타시던 그 호미다.

내가 위험하다고 만류하며 뒤쫓아 가면 "나만 알고 있는 장소라 따라오면 안 돼. 그곳에는 뱀과 옻나무가 많아. 따라오면 안 된다."라고 손사래를 치시고는 어느새 송이버섯과 야생 더덕을 망태기에 가득 담아 가지고 들어오신다. 이내 더덕을 두드려 양념을 입히시고는 안방 질그릇 화로의 불씨를 살려 숯을 지피고 굽는다. 송이버섯, 더덕구이 냄새가 온 방을 진동하면 가족들은 탄성을 지르고 향긋한 냄새에 군침을 흘리면서도 나는 그 고생이 안쓰러워 늘 퉁명거렸다.

"어머니, 이젠 이런 거 안 따오셔도 괜찮아요. 사 먹으면 되죠."

"나는 이 성산을 지키련다."

어머니는 스스로 그 기도원을 성스러운 산 '성산'이라고 부른다. 부드러우시지만 단호하고 한결같으신 대답이다. 강원도 춘천 의암댐 호숫길을 따라 깊은 산골짝으로 40여 분을 걸어가면 인적이 드문 곳, 고등학교 2학년인 나를 남겨두고 부산에서 교인 10여 가구가 집단으로 이주해서 기도원을 세우고 화전 밭을 일구며 지내셨다. 어머니는 그곳에서 전도 대장이었다. 부락 산골 주민들이 어머님 누님 하며 따르는 것은, 함경도 원산에서 큰 반찬가게를 하신 덕분인지 반찬을 만들어 산골동네에 퍼 나르곤 했기 때문일 게다. 아버지 별세 후 몇 해가 지나 어머니는 거동이 힘들어지면서 서울 동생들 집에서 요양 중이었다.

어머니가 위독하시다는 소식을 접한 날 나는 어느 지인의 도움으로 당일 행 비행기 표를 구해서, 가게에서 일하던 허름한 운동화 차림으로 황급히 비행기를 탑승할 수 있었다. 그것은 기적과도 같은 천운이었다. 밤새도록 침상 아래 무릎을 꿇고 어머니의 손을 잡았다. 몇 마디 하시는 말씀을 알아들을 수 없어 울기만 하는데, 어머니는 어린아이처럼 보드라운 하얀 손으로 모리스 부호를 치는 통신병처럼 손끝으로 꼭꼭 누르며 수화를 하시다가 새벽 미명에 참 평화로운 모습으로 소천하셨다. 임종의 삶이 이렇게 평안할 수 있을까? 장남을 만난 소중함을 기뻐하며 감사 기도하며 숨을 걷으셨으리라.

삶이 얼마나 힘드셨으면 산골을 선택했을까? 이제 생각하면 미처 헤아리지 못한 어머니의 마음은 평생 울며 후회해도 자신을 용서할 수 없을 것 같다. 왼손잡이인 나 역시 어머니의 왼호미를 지금껏 사용하다가 인생의 철이 들면서 어느 날 문득 호미를 통해서 어머니의 위대한 힘과 정신을 깨닫기 시작했다.

삶이 힘들고 지쳐서 고통스러울 때면 어머니의 호미를 살포시 잡아본다. 들려오는 어머니의 음성에 귀를 기울인다.

"사랑하는 내 아들아, 너의 삶이 나의 삶보다 더 힘이 들었느냐?"

호미도 날 챙기이지마는 낫같이 들 리는 없으리.
아버님도 어버이시지마는
어허, 어머님같이 사랑하실 이는 없도다.
아소, 임아, 어머님같이 사랑해 주실 이는 없을 세라.
       - 고려가요 「사모곡(思母曲)」 중에서

그리운 어머니. 어머니처럼 더욱 열심히 살겠습니다..

## 부활 주일 소고(小考)

〈캘거리 부활절 새벽연합예배〉가 아직 몇 주 남았거니 하고 느긋한 마음으로 지내다가, "4월 1일 캘거리 교역자 협의회 주최, 벧엘 장로교회. 새벽 6시. 최정묵 목사(우리 교회) 설교"란 광고가 교민 신문에 큼직하게 게재된 글을 읽고는 화들짝 놀랐다. 해마다 집회 일자가 변경되기 때문이다. 전통의 전례에 따르면, 밤의 길이가 같은 날, 춘분(3월 20일~21일)이 지나면 보름달이 뜬다. 그리고 그다음 주일(일요일)이 부활절이다. 2018년 4월 1일, 2019년 4월 21, 2020년 4월 12일 이런 순서로 부활절이 결정된다.

기사를 읽는 순간 일주일이 남았는데도 가슴이 뛰더니 사흘이 지나고, 황급히 글을 쓰고 있는 새벽 미명에도, 새벽연합집회에 참석해서 부활 찬송을 부르며 말씀을 들을 수 있다는 희망이, 계속 가슴을 뛰게 하며 잊을 수 없는 수많은 사연들이 스쳐 지나간다.

오늘도 아침에 운동화 끈을 동여매고 일터로 나갈 수 있다는 것이, 살아 있다는 사실이, 기적 같은 일이기에 감사와 부활의 감동은 그칠 줄을 모른다.

작년 늦여름, 미네완카 호수 인근의 좁은 길을 거닐다, 지나가는 자동차 백미러에 얼굴이 부딪치는 큰 교통사고를 당했다. 코뼈가 부러지고 안경이 박살 나고, 그 후유증으로 코피의 과다 출혈로 병원 응급실에서 3시간 동안 의식을 잃었다. "나는 아직도 꼭 살아야 하는 이유가 있습니다." 의식을 잃기 전, 마지막 마음속으로 강하게 읊조리던 말도 생생히 떠오른다. 의식을 회복하고 새벽 5시쯤 눈을 뜨니 나의 침상 앞에는 8명의 간호사가 반원 상태로 서서 나를 관찰하며 실습 중이었는지, 나의 뜬 눈을 보고는 황급하게 뿔뿔이 헤어졌다. 퇴원해서 그 이튿날 성형외과 전문 의사가 호출했다, 대기실에서 기다리던 도중 빈혈로 또 쓰러져 다시 응급실 신세를 졌다.

그 후유증으로 Foothills Medical Centre 심장외과 교수의 진찰을 받았다. 10여 년 동안이나 지속되던 대동맥 판막의 지질 수치 4.5cm에서 4.9cm로 급속히 늘어나 캐나다 정부 수술 허용치 5.2cm에 이르는 것은 시간문제이니, 6개월 이내로 빨리 판막 교체 수술 일정을 잡으라고 담당 직원에게 지시했다.

나는 살기 위해서 필사적인 노력을 했다. 염분이 많은 음식과 기름이 많은 음식을 일절 끊었다. 매일 수면을 8시간 정도 취하고 1시간 정도 가벼운 운동으로 근육량을 늘렸다. 자주 응급실로 가서 정기 검진을 받았다. 의사는 놀란 표정을 지우며 4.2cm 정도로 수치가 줄어들었다는 것이다. 생각이 바뀌면 행동이 바뀌고, 행동이 바뀌면 습관이 바뀌고, 이제 올바른 생활 습관으로 노년의 운명이 바뀔지도 모른다.

수술 담당 외과 교수와의 수술 면담 일정이 점점 몇 차례 연기되고 2번이나 특수 조영 촬영을 새로 하고 난 후, 소견이 나왔다. 1년에 한 번씩

정기 검진을 하되 어쩌면 수술을 영원히 안 할지도 모른다고 하며 힘차게 악수를 청했다. 그 소식을 듣고, 20여 년간 나를 보살피던 여자 패밀리 닥터도 깊이 포옹해주며 격려했다.

부활의 참된 의미는 소생(蘇生)하는 것, 부활한 예수가 새로운 믿음과 희망을 주었다. 힘차게 헤쳐 나가며 죽음의 두려움을 이기도록 이끌어 주었다고 믿는다. 찌들고 진부했던 삶이 새로운 창조를 향해 나아가도록 인도해 주었다고 믿는다.

기독교의 중심 사상 중에서 다시 태어나고, 다시 살아나고, 다시 오는 스토리가 연속되는데, 예수의 탄생과 부활, 재림의 공통적 요소가 그 핵심이다. "예수가 다시 사셨다.' 해마다 반복되는 설교를 들으면서 예수 부활이 나에게는 진정으로 무슨 의미가 있을까?" 스스로에게 늘 던져지는 질문에 답하느라 으레 청년 시절부터 좀 더 흔쾌한 설교, 부활의 크나큰 기쁨을 찾아 나선 습관이 지금까지 계속된다.

'부활절 연합 새벽집회'에 참석하는 것이다. 성가대원으로 거의 빠짐없이 참석했다. 지방에 출장을 자주 다니던 직장 시절에도 동료의 도움을 받아 마지막 대연습에 참석하고는 시치미 뚝 떼고 성가대원으로 연합예배에 참석한 경험도 있다. 서울의 연합성가대에 참석하려면 한참을 걸어 내려와서 버스를 두 번 갈아타기도 한다. 새벽 일찍 집을 나서며 부유한 집 높은 담벼락 너머 하얀 목련꽃이 맥없이 뚝뚝 떨어지는 곳에서 한참을 서성인다. 안쓰러워서 "오늘은 부활 주일인데 낙엽처럼 힘차게 떨어져보렴." 이란 핀잔에 심술이 났는지 아직도 피지 못한 목련 봉오리들은 밝고 환한 불빛 아래 한결같이 북쪽을 향해 머리를 쳐들고 흥흥거린다. 한 잎 한 잎

소중하게 펼쳐 성가집 책갈피에 끼워 넣던 기억이 새롭다.

군종 사병으로 복무하던 시절 어느 해의 부활 주일 아침, 군종참모의 휴가로 나는 내무반을 돌아다니며 사단 신병교육대 훈련병 보충중대에서 대기 중인 월남파병 귀국장병들 가운데, 성악 전공자를 차출하고 사단 군인교회 성가대, 그리고 서울 인근 교회에서 초청된 성가대와 함께 긴급 성가대를 조직했다. 꽤 많은 인원을 동원했다.

미리 프린트한 부활 찬송가로 예배 시작 전, 민간 교회 지휘자가 4부로 두 번인가 연습하고는 예배를 시작했다. 그 성가대 대원들의 화음이 얼마나 우렁차고 청아하던지 일부 장병들이 연신 눈물을 글썽거리며 감격해했다. 그 당시 예비사단에는 장병들의 작업량이 많아 휴일에도 야외 작업 차출이 심했기 때문이다. 입대 전 평소 같은 교회에 다니면서 친분을 쌓았는데, 우연히 같은 부대에서 마주친 보충중대장과 독실한 기독교 신자인 신병교육대장도 참석했다.

얼마나 즐거웠으면 중대장, 대대장이 당직사령에게 휘하 기독 사병들을 늦게 귀대시킬 것이라고 전화로 특별 지시하는 목소리가 지금도 눈에 선하다. 민간 교회에서 준비한 김밥과 통닭으로 저녁까지 푸짐하게 먹이고는 인솔해서 귀대시킨 것도 부활 주일의 아름다운 사건 들이다.

캘거리 첫 이민지 캘거리에서도 부활절 연합예배 소식을 들으면 꼭 참석했다. 같은 교회에서 봉사하다가 헤어졌던 교인들, 지인들과 아침 국밥을 나누며 담소하는 즐거움도 빼어놓을 수 없다.

아주 오래전, 벧엘교회에서 부활절 새벽 연합예배에 참석했다. 불과 20여 명의 대원들이 부르는 찬양의 고운 목소리는 지금도 귓전에 들려오는 것만 같다. 얼마나 연습을 많이 했으면 완벽한 화음을 낼 수 있었을까? 그리고 벧엘교회의 국밥 맛은 캘거리 교민들이 인정하는 천하일품이라는 것을 아는 교민이 많다. 최정묵 목사님의 신선한 설교와 성가대 찬양을 들으며, 맛있는 국밥을 먹고 싶다.

## 견뎌냄의 의미

 가을은 사유의 계절이다. 수많은 고통과 시련을 불현듯 만나, 처절하게 고민했던 순간들을 되짚어 보고, 세찬 고통의 강물을 어떻게 헤치며 빠져 나왔는지, 지나온 인생을 한 번쯤 되돌아보는 계절이다. 견뎌온 자신을 고양시키고 승화시키는 기회로 만드는 계절 또한 가을이다.
 언어와 화폐, 그리고 음식 문화가 다른 '낯섬'을 만나는 순간부터 시작된 힘겨운 삶들이 아직도 계속되고 있어도, 견뎌낸 축복을 헤아려 보려고 요한 밤에 서재의 마룻바닥에 무릎을 꿇고 또다시 머리를 숙인다. 눈시울이 뜨거워 오며 감사의 기도가 시작된다. 견디어 낼 의지가 약했더라면, 즐기는 인생을 택할 수밖에 없었을 것이다. 인생의 뒤안길을 걸어가면서 나의 운명을 학대하며 여생을 살고 있었을 것이다. 즐긴다는 것 자체가 나의 운명은 아닌가 보다. 견디다 보면 즐거움과 환희가 따라오는 것이다. 때로는 감당할 수 없는 축복과 기쁨도 누릴 수 있다. 나는 이 운명조차도 사랑한다.
 나는 지나온 인생 여정에서 경험한 지혜를 믿기 때문에 나를 신뢰한다. 나를 믿고 의지하되 의존해서는 안 된다고 자신을 추스른다. 의지가 이기적이면 여생을 견뎌낼 힘이 없어진다. 고통이 삶의 어머니인 것을 체험한다. '자기 신뢰'는 건강한 인생이 평생 품고 가야만 하는 생명의 확신, 생명줄 같은 것이다. 자신을 굳게 믿고 의지하는 것이 신뢰다. 지금까지 살아온 험한 인생 역정(歷程)들이 내면 깊은 곳에서 정제되어 만들어진 자신만의 노둣돌 같은 것이다. 이는 '견뎌냄'에서 잉태한 것이다. 노둣돌은 말에 올라탈 때 꼭 필요한 발돋움용으로 대문 앞에 놓인 돌의 옛말이다. 나에게 시련과 고통이 끊임없이 엄습하여 감당하기 어려울 때, 삶이 절박할 때, 나는 나의 노둣돌을 의지하며 일어섰다. 내가 더 살아야 할 이유, 나를 필요로 하는 것들이 있는 한, 나는 나의 노둣돌을 사랑한다. 그것이 마이 웨이(my way)다.

'견뎌냄'의 힘과 용기는 어디서 오는가? 나와 사람, 하나님, 자연의 관계 사이로 늘 신선한 공기가 흐르도록 하는 데서 출발한다. 신선한 공기는 예술 같은 것. 음악과 문학, 운동의 강물 위를 노니는 보편적 지혜를 필요로 한다. 강물 위를 노니는 기초적인 예술 활동조차도 셀 수 없을 만큼의 또 다른 고통이 따른다. 예술 활동이란 즐기는 취미로 출발하지만 건강한 삶을 견뎌 내기 위한 또 하나의 고통이 따른다. 힘들어 포기하고 싶은 생각들이 문득문득 솟구친다. 생업을 위한 전문가가 아닌 한 범인(凡人)이 지나치게 어느 한 곳에 치우치면 막히고 썩는다는 지혜도 견뎌 냄에서 배운다.

오늘은 10월 둘째 주 토요일, 세 곳의 모임에 나가기로 약속했으니 새벽부터 분주하다. 거실 화초 - 방울토마토, 콩 등을 심은 화분들에 아침 일찍 물을 주었다, 가을 서리를 염려해서 8월 말 텃밭에서 화분에 담아 거실로 옮겼다. "할아버지 이것 키워줘." 손자 두 녀석이 방학 과제물로 받은 손바닥만 화분에 콩, 토마토 모종을 내던지듯 놓고 간 것을 텃밭에 옮겨 심었다. 병치레하는 두 달 동안 까맣게 잊고 있었으니, 잎은 누렇게 말라 병들어 있었고 빨간 방울토마토 몇 개와 콩깍지처럼 변한 콩 알갱이 두 개가 댕그라니 걸려 있었다. 잎을 모조리 제거하고 가지치기하니 대궁이 앙상하다. 이제는 콩 씨앗에 새싹이 돋았고, 토마토는 떼어낸 잎마다 새순이 돋아 고운 연두색 빛깔이 눈부시다. 두 달 넘게 만발한 수국과 어울려 거실은 온통 봄노래가 한창이다.

집을 나와 다운타운으로 차를 몰았다 이 넓은 도시에 모임 장소가 인접해 있어 천만다행이다. 오전 눈보라가 세차서 시야가 잘 보이지 않는다. 마치 안개 자욱한 길을 달리는 기분이다. 아직도 가로수 나뭇잎들이, 더러는 물들지 않은 것들이 푸릇푸릇해서 좋다. 오늘 아침 모처럼 봄 여름 가을 겨울 4계절을 만끽하고 있는 것이다.

음식점 연회실을 꾸며서, 20여 명이 초대된 결혼 예식장이다. 사방에 생화로 장식된 꽃향기가 싱그럽다. 양가 부모 친척과 가까운 친구만 초대된 모임에 주례 목사도 젊다. 작년 10월, 어느 토요일에도 헤리티지 파크 조그만 카페에서 초대된 결혼식에 이어 두 번 모두 참석한 노인은 나 혼자라 계면쩍다.

초대 전화를 한 신랑이 누구인지 가물가물했는데 생각을 더듬어보니 어렴풋이 떠오른다. 2년 전 술 취한 30대 낯선 청년이 늦은 밤 가게로 불쑥 찾아왔다.

"청야님, 죽고 싶습니다. 나처럼 교회 봉사 많이 하고, 오직 예수님만 바라보고 교회에서 살았는데 되는 일이 없습니다."

나는 할 말을 잃었고, 잠시 침묵이 흘렀다. 그때 당황해서 궁색한 답변을 한 것 같다.

"예수가 신바람이 나서 자네를 도와줘야 하는데, 예수가 들어설 자리가 없는 것 같네. 예수는 의지해도 너무 의존하지 말게, 예수에게 너무 부담을 지우지 말고 살아야 될 이유가 무엇인지 성찰하고, 자신을 신뢰하게, 그러면 운명을 사랑하게 되고…. 삶을 좀 더 옥죄고 곽곽하게 관리하면 그때 예수가 기쁜 마음으로 찾아올 걸세. 자네는 지금 젊음이 있기 **때문이야**."

"지금은 아내와 맞벌이 덕분에 집도 사고 행복하게 살고 있습니다. 그때 생각이 바뀌어 제 운명이 바뀌고 운명을 사랑하게 됐습니다. 나의 일에 전심전력하고 있습니다."

시련을 견디고 난 후의 가슴 벅찬 고백에 나는 눈시울을 훔쳤다. 다음 일정을 핑계로 조용히 예식장을 빠져나왔다. 중년의 신랑 부모가 어느새 지하 주차장까지 따라와 인사를 해, 한참을 포옹하며 헤어졌다.

남궁 창 장로의 장립식에 참석했다. 많은 하객이 참석해서 축하해 주었다. 안수집사로 취임한 김창배 집사가 진수성찬의 비용을 전액 부담했다고 광고했다. 남궁 창 장로 부부의 그간의 행적 - 두 내외 모두 심장병과 뇌혈관질환의 고통 속에서도 수술과 치료를 병행하며, 견디어 내고 일어선 것이다. 김창배 집사의 굽힐 줄 모르는 삶의 전력투구는 먼발치에서 소문만 들어도 위안받곤 했는데, 충만한 기쁨을 감당할 수 없었을 것이리라. 나오면서 한 청년에 물었다.

"남궁 창 장로님을 사랑하나요?"

"네, 존경하고 사랑합니다."

시련과 고통을 견뎌낸 빈 마음속에 젊은이들의 존경심이 자라 잡고 있었다.

한국인 화가 네 분이 참석한 '무명 60인 미술 전시회'를 관람했다. 고성복 화가는 같은 칠순의 고향 후배라 호형호제하며 지내는 스스럼없는 사이다. 오랜만에 그를 만났다. 고통사고 후유증으로 오랜 세월을 견디며 지냈는데 그림 활동을 시작한 후, 더욱 건강한 모습으로 조우하니 감개가 무량하다. 출품한 작품 모두가 내면의 고독함 들을 표출한 소재라 한참을 서성이다가 한 점을 구매했다. 그는 문인으로 우리에게 더 친근하다. 깊은 철학과 인문학적인 고뇌를 담은 그의 수필과 단편소설 작품들이 신문에 발표될 때마다 나는 몇 번을 반복해서 읽곤 했다.

가게 일을 마치고 귀가하는 늦은 밤, 하늘이 맑게 갰다. 얼마 만에 바라보는 반달과 해맑은 별빛인가? 오늘따라 반달이 유난히 크다. 고통과 시련의 이민 생활 속에서도 좁은 길을 걸어가며 봉사하는, 아름다운 사람들을 만나며 배웠던 오늘 하루도 감사하다. 천국 생활도 이랬으면….

## 삶의 간격, 여백의 멋

새해 아침의 피시크릭공원, 길이 나지 않은 자작나무 숲을 걷는다. 사람의 발길이 닿은 흔적이 없는 것 같다. 태고의 생태 세계를 연상하며 길을 걷는다. 싱그럽다. 바둑판처럼 잘생긴 숲이다. 인공 조림 숲이 아닌데 거문고 현 줄같이 늘어진 것이 기품도 있어 보인다. 숲 사이로 가냘픈 나무들이 군데군데 부러진 채 널려 있다. 부러진 나무들을 애처롭게 쳐다본다.

왜 부러졌을까? 부러진 밑둥치가 바짝 붙어 서로 생존에 불편한, 그중 연약한 나무들만 부러져 있다. 가녀린 소녀의 허리 같은 모양새로 보아 서로 가까이 붙여선 채 의존해 살고 있었을 것이다. 하늘 높은 줄 모르고 행복해하고, 햇살을 먼저 볼 욕심으로 언제나 하늘을 찌르듯이 살고 있다가, 간격이 없는 사이를 미처 빠져나가지 못한 세찬 바람에 못 이긴 것일까? 자작나무는 폭설에도 춤추듯 털고 우뚝 서는데, 사이를 털지 못한 눈의 무게에 부러진 것일까? 코요테의 추격에 놀란 사슴이 나무 사이를 빠져나가다 부러트린 것일까? 공원 관리인이 촘촘한 사이를 넓히려고 부러트렸을 수도 있다. 한여름 건조한 나무의 마찰로 산불을 낼 수도 있으니까. 아무튼 자작나무 숲은 아름다운 간격의 여백을 만들며 오래오래 살고

있다,

부러진 나무들 숲을 헤치며 요리조리 빠져나가 아래 계곡에 이른다. 허리를 펴고 자작나무 숲을 올려 본다. 소나무 한 그루의 침범 없이 순수한 자작나무 나목 숲이 아름답다. 아침 햇살이 나목을 붉게 물들이고, 세찬 하늘 바람에 나뭇가지들이 자유의 춤을 춘다. 바람과 햇살과 나무의 떨림이 어울리며 태고의 연주가 시작된다. 신비하다. 맑은 공기로 가득 채운 마음이 가볍다. 어깨의 짐마저 덩달아 가벼워진다.

긴 식탁 한구석의 바나나 한 송이가 바나나 걸이에 걸린 채 쓰러져 있다. 과일 바구니에 가려 보이지 않았던지, 제법 오래된 것 같다. 한동안은 매일 먹었는데 식상한 것 같다. 식탁에 닿은 바나나 부분이 뭉그러져 있다. 걸이에 걸어 놓은 바나나는 오랜 시간이 지나면 겉껍질은 새까맣게 타들어 간다. 그럼에도 속 과일은 맑은 공기가 흐르는 한, 검은 반점 하나 없이 새뽀얗게 익어가는 법이다.

새해를 전후해서 새로운 모임과 일들이 늘어나 체력이 감당하기 힘들어진다. 엎친 데 덮친 격으로 25년 만에 식당의 실내 인테리어를 바꾸고 있다. 인부 3명을 동원하고 젊은 실내 디자이너의 설계대로 공사 중인데 산듯하다. 몇 주가 더 걸릴 것 같다. 영업하면서 진행하느라 그런지 몸이 피곤하여 코에서 피가 줄줄 난다. 소독하지 않은 티슈로 코를 틀어막고 이틀을 지냈다. 두통이 오고 혈압이 높아져 응급실로 갔다. 코의 공기를 차단했으니 당연히 심한 염증이 생기고 고름이 생기기 시작했다.

이렇듯 인생 삶에도 적당한 사이와 여백이 필요하다. 그 관계 사이로 신성한 공기가 흘러가는 구름처럼 넘실거려야 한다. 그 사이로 냉철한 지성과 종교의 융합, 가벼운 예술의 창조 - 음악과 문학, 미술과 체육의 창작 활동이 어우러지면, 마음이 풍성해진다. 치우침이 없는 그런 분들의 옆에 서기만 해도 향내가 난다. 비록 작은 것들이라 하더라도 확실한 행복(小確幸)이 찾아들고 자유로워지며 자신이 할 수 있는 일과 도움을 받을 수 있는 일을 구분하는 힘도 생활의 간격 - 여백에서 시작된다.

이민 생활에서는 더 많은 삶의 평행이 요구된다. 자칫 방심하면 기울기 시작하며 깨어지며 썩기 쉽다. 때로는 혹독하게 혼자 지내며 즐기는 훈련을 통해서 이민 생활의 간격을 배우기도 한다.

아흔에 이른 지금에도 변호사로 일하고 있는 일본 작가 유카오 하사코의 2017년 작품 『적당한 거리를 두세요』란 책을 읽는다. 60여 년간 1만 건이 넘는 민사 소송을 통해서 복잡하게 얽힌 인간관계를 해결하는데 평생을 헌신한 분이다.

"아무리 노력해도 분쟁이 불가능하면 거리를 두라. 문제를 인식하는 관점이 바뀌고 관점이 바뀌면 신기한 일이 벌어진다. 지금까지 아주 크고 중요하게 느껴졌던 일들이 그리 심각한 문제가 아니라는 것을 깨닫게 되는 것이다. 분쟁의 실마리가 보이지 않거든 이별을 선택하거나 새롭게 출발하는 것을 서슴지 말라 각자의 인생을 존중하고 거리를 두라…"

함께 있되 거리를 두라
그래서 하늘 바람이 너희 사이에서 춤추게 하라.
사랑하라 그러나 사랑으로 구속하지는 마라.
그러나 너의 혼과 혼의 두 언덕 사이에 출렁이는 바다를 놓아두라.
……
함께 서 있으나 너무 가까이 서 있지는 마라

사원의 기둥도 서로 떨어져 있고

참나무와 삼나무는 서로의 그늘 속에선 자랄 수 없다.

- 칼릴 지브란, 『사랑을 지켜가는 아름다운 간격』 중에서

## 어머니 주일의 성만찬

5월 13일, 오늘은 캐나다 어머니 주일입니다. 여전히 넘치는 성령의 풍성함, 활기찬 은혜가 온 성전을 휘감고, 40여 명의 오케스트라 단원들, 2,000명이 넘는 교인들과 함께 2부 예배 가스펠 찬양을 이끌고 있었습니다.

성전 전면, 3대의 대형 스크린의 반사 불빛을 제외하고는 사방이 어두컴컴합니다. 성전 안을 황급히 걸어가는데 안내 요원이 어떻게 알아보았는지 내 뒤에서 팔을 꽉 붙들었습니다. 전해줄 이야기가 많다며 예배 후 만나자고 했습니다. 그동안 한 주일은 성전 안 카페의 TV 스크린에서, 또 한 주일은 인터넷으로 생중계 예배 실황을 시청했습니다. 피로 때문에 예배 시간에 졸 것 같았기 때문입니다.

매 주일 만나면 반갑게 인사를 하며 교회 소식을 전해주곤 하는 친구들 가운데 한 명입니다. 8년이 넘도록 다니는 서양 교회이지만, 반갑게 맞아주는 교우 친구들, 자유와 개성이 넘치는 분위기 때문에 교회를 떠날 수가 없습니다.

언제나 사회자 없이 진행되는 예배이므로 에베소서 2장 11절 이하의 말씀으로 Ashwin Ramani 부목사의 'One Body' 설교 후에 성만찬 예식이 있었습니다. 성찬 예식이 진행되는 동안, 전면 강단 오케스트라가 모차르트 피아노 협주곡 21번 2악장 안단테 〈엘비라 마디간(Elvira Madigan)〉 연주가 내내 이어졌습니다. 어머니 주일에는 으레 어머니의 믿음에 관한 말씀으로 시작되고, 어머니에 관한 찬송가를 불러야 하고, 성만찬에 관한 연주 '주 달려 죽은 십자가' '살아 계신 주' 등, 구슬프고 애절한 찬송이나 연주를 들어야 하는 관습에 젖은 나로서는 다소 의아했습니다.

우연의 일치였습니다. 최근에 〈엘비라 마디간(Elvira Madigan)〉 음악과 영화를 유튜브로 감상하며, 곡의 해설을 읽었던 기억을 떠올렸습니다. 너무나도 선명하게 기억되는 모차르트 협주곡 21번 2악장에 대한 두 가지 해설입니다. 오래전 상영(1967년) 됐던 실화를 바탕으로 제작된 애절하고 비극적인 사랑을 담은 스웨덴 영화 〈Elvira Madigan〉입니다. 주인공 엘비라와 식스틴 두 청춘 남녀가, 사회적 지위와 연령 차이에서 오는 갈등의 아픔을, 초원에서 나비가 훨훨 날아 오르는 아름다운 영상과 안단테 배경 음악으로 승화시켰습니다. 끊임없이 들려주는 모차르트 피아노 협주곡 때문입니다. 음악 애호가들이 모차르트 협주곡 21번 2악장을 애칭으로 〈엘비라 마디간〉이라 부르기를 좋아하는 이유일 것입니다.

또 하나는 모차르트 피아노 협주곡 21번 작곡에 관한 해설입니다. 1785년 29세 되던 해, 자신의 피아노 연주로 초연할 때의 이야기입니다. 궁정 음악가였던 아버지 레오폴트 모차르트도 그 연주회장에 참석했습니다. 안단테의 피아노 왼손으로 연주하는 셋잇단음표가 아버지 레오폴트의 피아노 소나타 C장조 느린 악장과 같다는 해설가의 말입니다. 아름다운 안단테 연주는 그동안 아버지와의 갈등과 불화의 추억들을 털어내는, 그리고 존경과 사랑을 헌신하는 오마주(존경과 경의)라는 것입니다. 서로의 성공의 정점에서 이 연주로 화해를 시도했습니다. 연주를 듣는 동안 아버지는 눈물을 흘렸다는 이야기입니다. 아들인 볼프강과 아버지 레오폴트의 뜨거운 안단테 연주 화해 이야기입니다.

내가 포도주잔과 떡을 받아들고, 연주를 들으며 화해 이야기가 생각났을 때, 어머니가 저 멀리 아스라한 모습으로 지켜보고 계셨습니다. 화해가 아닌 나의 일방적인 회개와 반성의 순간이었습니다. 어머니와 신앙노선의 차이로 오랫동안 골이 깊었습니다. 왜 그렇게 예수를 극성스럽게 믿어야만 하는지, 어머니를 오랫동안 구박했습니다. 피난 시절이었습니다. 어머니는 자식들을 위해서 부산 국제시장 극장 옆에서 노점 장사를 하는 동안, 한 번도 영화 구경을 안 하셨다고 했습니다. 그리고 종내에는 내가 고등학교 시절, 나만 부산에 남겨두고 강원도 춘성군 기도원으로 집단 이주하셨습니다. 아침 가정예배를 보며 한글을 겨우 깨우친 어머니는 신구약 주요 성경 구절을 줄줄 외우고 계셨습니다. 그리고 이단 기독교를 적극 비판하는 것으로 보아, 오직 성경 중심의 교리 관을 지닌 숭고한 믿음을 소유한 골수 예수쟁이 권사님이셨습니다.

"어머님 제가 무조건 잘못했습니다."

내 눈에서 눈물이 줄줄 흘러내렸습니다.

"괜찮다, 내 아들아."

어머니가 주시는 머루주와 감자떡을 받아 들며 우물거리며 입속으로 가져갔습니다. 나는 회개를 했는데 어머니는 용서와 화해를 말씀하고 계셨습니다. 내가 강원도에 계신 어머니를 찾아뵐 때마다 갈증 해소로 담가두었던 머루주 한 잔과 들기름에 범벅이 된 감자떡을 주시곤 했습니다. 꽤 독해서 취기가 확 돌곤 하면 나는 "함께 하산합시다"라고 어머니께 말하고, 어머니는 "이곳이 천국이다. 나는 성산을 지킬란다."라시며 퉁명스럽게 내뱉는 나의 말에, 미소를 띠며 화답하시곤 했습니다.

성찬 예식에 참여할 때마다 새로운 경험을 하곤 합니다. 성찬식은 예수의 임재와 현존함을 기리고 소망을 간구하는 예식이고, 이천 년 전의 예수 성만찬 기본정신을 이어가야만 합니다. 그러나 오늘은 여러 가지 신선한 순서로 나에게 자유롭게 감동을 유발하는, 아름다운 용서와 화해의 어머니 주일이었습니다.

어머니, 삶이 피로에 지쳐서 견디기 힘들 때, 어머니처럼 모든 것 내려놓고 안단테 속도로 느리게 걸어가렵니다. 그리고 피안의 세계에서 나비가 훨훨 나는 아름다운 동산을 만나면, 또다시 환희의 눈물로 어머니를 찾아뵙겠습니다. 조그만 포도주잔이 머루주 기운을 품어 내어 취기가 오르게 하는 회개와 눈물의 어머니 주일이었습니다.

# 제2부
## 내가 꿈꾸는 향유(享有)

## 조국의 정의

 이번 주 월요일, 장장 11시간 동안 생중계된 한국의 조국 법무부장관 가택 압수수색 생중계 방송을 시청했다. 유명 유튜브 방송의 유튜버 두 명이, 교대로 서울 방배동 조국 법무부장관이 사는 아파트 앞에서 진을 치고 생중계하는, 젊은 기자의 열정에 몰입돼 뜬눈으로 밤을 새웠다.
 잠자리에서 소형 노트북을 켜놓고 시청하다 보면 어떤 프로그램이든 10여 분 이내 스르르 잠이 들게 되고 얼마 후 화면이 자동적으로 꺼지게 장치했다. 수년간 거의 매일 습관적으로 반복되는 일이라 마치 수면제 역할을 하듯. 나에게는 노년의 복이라 여기며 즐겼는데, 이날은 가택 수색이 끝이 나는 7시간여 동안 긴장하며 날밤을 샌 것이다.
 지난주 우연히 안길웅 발행인을 만났다. 산뜻한 복장의 노신사로 변신한 건강한 체취가 가을을 머금은 듯 젊어 보인다. 평소에 정의의 개념에 대한 지식이 해박한 분이라 반가운 마음에서 칼럼을 쓰기로 약속했다. 한국에서 다시 회자인구(膾炙人口)되는 '정의'에 관해 글을 쓰겠다고 선 듯 제안했다.
 제일 먼저 떠오르는 책, 마이클 샌들의 『정의란 무엇인가』(Justice; What is the right thing to do'·2009)를 골랐다. 구매한 300여 권의

e-book 중에서 제일 끄트머리에 밀려있던 책을 가까스로 찾아냈다. 형형색색의 색깔로 밑줄이 깨알같이 그어진 것을 보면 꽤 열심히 읽었던 것 같다.

영어권에서 8만여 권이 팔려 꽤 많이 알려진 책이다. 한국에서는 젊은 이들을 중심으로 200만 권 이상이 팔렸는가 하면, 2012년 연세대 노천극장의 마이클 샌들의 강연에서는 14,000여 석의 좌석이 꽉 찰 정도로 인기가 있었던 책이다. 가히 폭발적이다. 한동안 잠잠하더니. 요즈음 조국 법무부장관 사태로 다시 주목받기 시작한 것이다.

샌들 철학교수의 책은 복잡한 것 같으면서도 궁극적으로는 의외로 간단명료하다. 그러나 어떤 대목은 손가락으로 헤아려 짚어가며 이해하려고 해도 명료한 답을 구할 수 없었다. 그만큼 정의의 개념에 관한 정답은 상황에 따라 상대적일 수밖에 없는 것이다.

고전 철학자들의 이론을 중심으로 설명하며 정의의 개념을 전개한다. 행복을 극대화하는 제러미 밴담(1784~1832)으로부터 시작되는 공리주의, 존 롤스(1921~2001)의 평등주의적 자유와 권리를 존중하는 자유주의, 아리스토텔레스의 목적론적 정의론을 열거하며 전개하는 공동체주의로 나누어 설명한다. 공리주의, 자유주의를 비판하고 궁극적으로 공동체주의에서 정의의 대안을 시도하며 설명한다.

아리스토텔레스의 정의론을 주목한다. 건강한 공동체가 국민의 행복을 지켜주어서 공동체의 연대나 의무를 강조한다. 정의는 건강한 공동체 안에서 존재한다고 주장한다. 인간은 정치적 동물이라고 역설한 공동체 속에서 이루어지는 존경, 덕망, 건전한 삶 등이 서로의 갈고 닦음과 논쟁, 갈등을 통해 보다 높고 합당한 존경이나 효과적인 보상을 받는 것이 정의

라고 제안한다. 정의는 결코 중립적인 요소는 아니라고 말한다.

　소수의 희생을 당연시하는 공리주의와 개인 자유의 관점에서 주창하는 자유주의를 비판하며 공동체주의를 제안하지만, 구체적인 기준이나 원칙을 정립하기가 힘들어 이론을 벗어난 관념적 이상적 요소로 머물 수가 있다. 극단적 공동체 우선주의는 명분은 화려하나 자칫 개인의 자유를 억압할 소지가 있는 것이다. 그러므로 정의 자체에 대한 올바른 개념, 무엇이 옳은 정의의 개념인지, 단정적인 답을 도출하기가 힘이 든다.

　공동체 정의란 실현과 이해 관점에 따라서 이데올로기 충돌을 몰고 온다. 개인의 희생쯤이야 가볍게 간과한다. 소득 분배의 정치로 성장을 주도하며 사회주의를 꿈꾸는 것이 정의인 듯하다. 검찰 개혁을 외치는 조국 장관은 도덕적인 부끄러움으로 점철되어 있으나 본인은 못 느낀다. 도덕적 결함쯤은 아랑곳없다. 스스로 지닌 정의에 대한 강한 관념은 누구도 꺾을 수 없는 소신이 되어 쇠락(衰落)의 길로 내몰고 있는 것이다.

　강력한 추진력, 옥안영풍(玉顔英風)의 준수한 외모에 통치의 정점을 두루 겸비하고 무한 질주하던 중년의 정치가가 부패와 거짓과 욕망의 덫에 걸려 괴물의 형상을 지닌 채 스스로 변해가고 있다. 강제로 끌어내리지 않는 한, 어떤 상황이 일어나도 절대로 물러나지 않을 것 같은 예감이 든다. 스스로가 구축한 정의의 고정관념이 자신을 옥죄고 있다.

　사회주의 건설을 위한 공동체를 꿈꾸는 결과물인가? 검찰총장이 법무부장관 집을 급습, 가택 수색을 하는 사상 초유의 광경을 밤새 목도하며 그릇된 정의로 무장한 지식인이 도덕적이고 존경받는 아버지가 되기를 거부하는 순간들을 보며 두려움에 잠긴다.

　다른 사람의 정의관을 통해서 무엇이 옳고 그른 지, 이 깊어 가는 가을

밤에 나는 심연의 양심에 기댄 채 심각한 고민에 잠긴다. 이제 정의 앞에 서면 마음은 한없이 겸손해진다. 가을 아침 맑은 이슬을 머금은 소슬한 바람을 맞는다.

## 재앙을 극복하는 힘

지금 지구촌에는 기후변화의 피해 여파가 심각하다. 불과 몇 주일 사이에 발생한 일들이다. 북미주의 고온 열돔 현상과 유럽의 대홍수 재난 사건들을 언론들은 서슴없이 '재앙'이라고 표현한다.

유럽의 홍수로 이번 주 300명 이상이 사망하고 아직도 수백 명이 실종되는가 하면, 수마가 할퀴고 간 흔적들을 취재하며 유럽의 일부 언론들은 1,000년에 한 번 일어날 재앙이라고 표현한다. 이번 주 뉴욕타임스(NYT)마저도 태평양 연안에서 발생한 고온 열돔 현상의 피해를 역시 1,000년에 한 번 발생할 수 있는 자연재해라 표현했다. 100년이 아니라 1,000년의 세월을 강조한다. 그만큼 기후변화의 자연피해가 우리의 생각을 뛰어넘는 심각한 현상임을 단적으로 표현한 것이 아닐까?

열돔 현상의 후폭풍들의 피해 규모가 우리의 상상을 초월한다. 7월 20일, 심각한 매연 때문에 나의 집 모든 창문을 꽁꽁 걸어 잠근 채 시시각각 보도되는 자료들을 보며 촉각을 곤두세우고 있다.

벌써 코끝이 시큰거리며 매워 온다. 지난 일요일 캘거리 대기오염 지수가 한계치 10을 초과한다며 노약자의 외출 경고를 방송하더니 그 여파가 아직도 이어오고 있다.

지금도 앨버타, BC 30여 곳이 거대한 산불의 불기둥으로 번지고 있다고 한다. 그 총총한 별들. 로키산맥에 걸린 채 현란하게 춤추던 아름다운 뭉게구름들, 아름답던 날들이 사라진 지 꽤 오래된 것 같다. 어젯밤에는 하늘의 반달마저 잿더미를 뒤집어쓰고는 슬픈 표정으로 금방 울음을 터트릴 기세다.

BC에서는 열돔 현상으로 인한 온열 질환 사망자가 하루에 수백 명에 이르고 수확 전의 과일들이 나무에서 매달린 채 불에 구운 듯 익어갔다. 체리 열매가 나무에서 영글기는커녕, 이제는 상품생산력이 떨어져 주스 제품으로 판매할 계획이라며 망연자실이다.

연어가 고온으로 치어의 발육에 이상이 생겨 가격이 폭등했다. 바닷가의 조개 수백만 마리도 열에 익어 입을 벌렸다. 앨버타의 캐놀라 밀밭이 고온 건조 현상으로 시들며 밭을 누렇게 물들인다. 상품 가치가 떨어진 작물들을 수확하는 대신 인근 축산농가들의 가축들을 풀어 사료로 대체할 계획이라고 한다.

남쪽의 목장들은 고온과 가뭄으로 인한 목초 공급의 어려움으로 비교적 목초의 피해가 적은 앨버타 북쪽 목장으로 헐값에 팔아넘긴다는 보도가 뜬다. 19일 워싱턴포스트, 뉴욕타임스 등에 따르면 북미에서 농축산업자들이 이상고온 때문에 한 해 농사를 망쳤다며 아우성이다. 물가가 심상치 않다. 벌써 소고기 등 육류, 카놀라유, 연어 생선값이 가파르게 오르기 시작한다. 모든 주요 물가가 오르면 덩달아 모든 물가가 뛰는 것은 사필귀정이 아닌가.

캐나다 프레이저밸리대학교 식품농업연구소의 레노어 뉴먼 소장은 "이상고온이 매년 반복되면 식품생산은 끝장난다." "당장 대규모 식량 부족이 닥치진 않겠지만, 단기적으로 식품 가격은 급등할 것"이라고 주장한다. 앨버타대학교의 기후학자는 로키산맥 빙하의 녹는 속도가 지난 한 달 동안 평소의 3배나 빠르게 녹아내리고 있다고 보도했다. 매우 불안한 예견이다. 공상 과학 영화에서나 본 듯한 장면들이 지금 우리에게 괴물의 모습으로 서서히 다가오고 있는 것이다. 멀게만 느껴졌던 기후변화 경고는 이제 현실이 됐다.

우리는 기후 위기를 극복해야만 한다. 온실가스 배출을 줄이는 국제적 노력에 기꺼이 동참해야 한다. 기후 위기는 물 위기로 연결되고 에너지 위기로 연결된다. 2년여의 COVID-19 팬데믹, 고온 열돔현상, 가뭄, 홍수의 재앙을 견디어 오는 생활이 어느 때 보다 더 견디기 힘들다. 해마다 견뎌내는 자연재해라고 가볍게 생각했으나, 이제 자연은 우리에게 더 이상 넓은 품을 주지 않는다. 우리가 이 모든 재해를 불러들였으니 이것을 막아내는 일도, 치유하는 일도 우리들의 몫이다.

나는 우리의 자연재해를 치유하는 데는 수십 년의 세월이 걸린다고 하지만 인내와 검소한 생활로 극복하며 상승의 기회로 삼으려고 한다. 나를 바뀌게 하는 힘은 부단한 노력으로 전력투구하는 삶이다. 나의 인식이 바뀌어야 한다는 것을 구입한 한 권의 책에서 답을 얻는다. 책의 내용이 방대해서 틈틈이 읽는 중이다.

페터 슬로터다이크의 『너의 삶을 바꿔야 한다, 인간공학에 대하여』에서 주목해야 하는 것은 인간공학이다. 사람은 자기 자신을 새로운 환경에 적응시키기 위해서는 먼저 자신이 바뀌도록 개조해야 한다는 것이다. 그것은 끊임없는 자기 혁신과 창조의 힘이다.

창조의 힘을 기르는 생각과 실천의 습관은, 정오의 그림자 없는 시간으로 되돌리고 수직상승하는 힘을 고양시킬 것이다. 모든 재앙을 극복하는 힘의 원천이 될 것이다, 인간을 변화시키고 개조하는 노력, 남녀노소의 구분이 없으리라.

## 날벼락 감사

밤늦게 퇴근하다가 치중에서 날벼락을 맞았다. 길을 가던 사람이 벼락을 맞을 확률이 576,000분의 1이라고 하는데…. 어느 날 갑자기 맑은 날에 치는 벼락도 아니고 큰 재난을 당한 것도 아니지만, 보름여가 지난 지금도 나에게는 잊으려야 잊을 수가 없는 사건이 있었다. 거센 폭풍우 밤길에서 벼락을 맞았으나 무사한 지금 감사가 더욱 넘치고 여생을 어떻게 살아야 하는지 목적이 분명해진다.

8월 7일 오후 10시 15분 낙뢰(落雷) 사건은 내 일생에 영원히 잊을 수 없는 밤이 될 것이다. 퇴근길 차 안에서 나는 청천벽력의 벼락을 만났다. 요즈음은 SNS에 지난 일기예보도 시간별로 소상하게 기록되어 있어 그날의 날씨를 더듬어 복기하며 지금껏 놀란 가슴을 쓸어내린다.

가을이 오고 있구나. 오전 8시부터 오후 6시까지 캘거리 천지가 짙은 산불 매연으로 뒤덮이며 23도 안팎의 찌뿌둥한 날씨가 계속됐으나 저녁 무렵 로키산맥을 타고 내려오는 특유의 소슬바람이 일기 시작했다. 저녁 8시 넘어서 갑자기 소나기 먹구름이 일었다. 9시쯤에 사방이 천둥 번개로 요동을 친다. 우르릉 우르릉 꽝. 우르릉 꽝' 오래 계속된 굉음이 밤의 공포를 조장하며 번갯불의 섬광이 대낮처럼 밝다. 오늘 밤처럼 지속적으로 밤을 밝히는 캘거리 낙뢰는 드문 현상이리라.

나는 30년 동안 한 가게를 붙들고 매일 밤늦게 퇴근하느라 밤하늘과 자연에 친숙하다. 문득문득 낮보다 밤의 세계가 더 아름답다는 생각이 들곤 한다. 밤하늘의 별과 달, 가로수 불빛에 아롱거리며 스멀스멀 피어오르는 밤안개, 밤새 피워낸 눈꽃 나무들, 여름 늦은 밤에 짝을 찾지 못하고 애절한 노래로 밤의 적막을 흔드는 로빈새, 겁에 질려 밤길을 달리는 토끼들, 달빛에 반짝이는 빗줄기, 밤길에 무리 지어 뛰노는 사슴들, 아름다운 캘거리 밤의 세상이다.

몇 해 전 10월의 어느 날, 보름달은 유난히 큰데, 별똥별 하나가 하늘에 밑줄을 긋고 있었다. 이 풍광이 너무 아름다워 집에 도착하자 뒤뜰 데크에서 하얀 백사발에 먹다 남은 백포도주 가득 채워 달빛을 담아서 단숨에 막걸리 마시듯 쭉 들이켜니 달과 별, 장미들이 모두 빙그레하는 모습을 잊을 수가 없다.

밤하늘 천둥소리에 익숙하다. 번개가 치고 천둥소리가 들리기까지 걸리는 시간에 340m를 곱하면 번개의 발생지점을 짐작할 수 있다. 번개 치고 10초 이내의 천둥소리, 바로 인근에서 번쩍이는 지적의 광란이다.

밤 10시 가게 문을 닫았다. 억수같이 퍼 붙는 소낙비에 시야가 희멀겋다. 만일의 사태에 대비해서 뒤따라 운전하며 따라오는 아내에게 될 수 있으면 바짝 따라오라고 주의를 주고 운전하기를 10여 분, Anderson Dr를 지나 Fish Creek Park 다리 위를 막 지나고 있었다. 갑자기 차 유리문 앞에 거대한 섬광이 일어남과 동시에 '쾅' 소리가 났다. 귀가 찢어질 것 같은 굉음은 대포알 터지는 소리보다 크게 들린다. 차 바퀴가 좌우 공중으로 살짝 뜨며 풀썩 내려앉았다.

내 차에 벼락이 떨어진 것이다. 벼락이 칠 때는 자동차 안이 안전하다는 보편적인 지식은 진즉에 알고 있었으나, 순간 그런 기억은 온데간데없었다. 잘못된 걱정으로 온몸이 후들거려 깜빡이를 켜고 간신이 집에 도착했다. 후일에야 벼락이 자동차에 내리치면 차표면을 따라 땅으로 흘러내리며 차 안의 사람을 보호한다는 상식을 기억하고 안심했으나 후유증은 여전하다.

철근 다리 위, 자동차 앞에서 맞은 벼락, 창문으로 떨어지는 섬광과 천둥소리를 직접 보고 들었다. 다리의 진동으로 커다란 섬광과 함께 나의 차가 좌우로 심하게 요동을 쳤을 것이다. 뒤따라오던 아내도 '아내 차의 지붕 위에 쿵하고 큰 돌이 떨어지는 줄 알았다.'며 놀란 표정이다. 이날 밤의 천둥 번개는 당연한 자연 현상일 것이다.

캘거리 여름의 끝자락은 일교차가 심하다. 8월 지금까지 네 번이나 30도를 웃도는 무더위에 밤에는 15도를 맴돈다. 낮에는 맑은 날씨에 하층 공기가 가열되고 밤은 기온이 뚝 떨어지며 소나기구름(적란운)이 형성된다. 공기는 팽창하고 구름과 대지 사이에 방전이 일어난다. 하늘에 떠있던 매연의 미세 먼지가 적란운 형성의 이유가 됐을 것이고, 번개가 치고 천둥을 동반했다.

노년에 이러한 일들을 당할 때마다 감사가 넘친다. 살아 숨 쉬며 움직이는 일도 감사한데, 험한 일을 당할 때마다 지켜주시는 주님께 감사가 넘친다. 맑은 날 호수길을 걸으면 나의 그림자가 주님의 그림자로 비춰진다. 이 감사들을 어떻게 자연과 이웃들에게 사랑으로 갚을 수 있을까?

## 삶의 무릎을 꿇기 전에

　한순간의 장면이 내 생각을 바꾸어 놓고 있다. 어느 사이에 행동으로 옮겨지며 자신을 정리하고 버리는 것에 점점 익숙해져 간다. 행동이 바뀌면 습관이 될 것이다. 홀로된 할머니 집에 피자를 배달하고 난 후부터는 행동의 속도가 빨라진다.
　그렇게 애지중지 소장한 책들의 5단 서가 2개를 이미 비웠으나 계속 버리는 중이다. 오래된 옷이나 전자제품 등 닥치는 대로 중고품가게에 기증한다. 20여 년 단골 할머니가 밤늦게 배달을 요청했다.
　생전 노 부부간의 금실도 매우 좋아, 부인이 병원에 입원해 있는 동안, 여든 중반이 넘은 매우 건장한 남편의 병간호가 지극 정성이었다. 눈보라 치는 늦은 밤, 자그마한 담요에 피자를 돌돌 말고는, 큼직한 가방에 넣으며 아내가 갑자기 피자를 먹고 싶어 한다며 입원한 병원으로 급히 차를 몰고 갔다. 그리고 얼마 후, 퇴원한 부인이 건강한 모습으로 식당에 들러 피자를 들고 가면서 눈물을 글썽인다. 계산대 위로 카드를 한 장 놓고 간 것을 뒤늦게 발견한 것은 남편의 장례식 카드였다. 생전의 삶의 아름다운 흔적 들이 빼곡하게 인쇄되어 적혀 있었다. 교회봉사, 성가대원, 사회합창단원으로, 오랜 지역사회 봉사 기록은 물론 만능 체육인이었는데 달포 전

갑작스럽게 세상을 떠난 것이다.

집 앞에 도착하니 문 앞에 메모지가 붙어 있었다.

"혹시 잠들지도 모르니 냉장고에 넣어두고 식탁 위의 돈을 가져가세요."

마침 소파에서 TV를 보고 있는 중이었다. 거동이 불편한 것 같아 냉장고에 넣어 두고는 할 말을 잃어 돌아서려고 하는데 생전의 남편 방을 구경시켜준다. 벽 사방이 책으로 둘러싸여 있다. 고가의 신제품 고급 오디오 시스템에 레코드판이 가지런히 정돈되어 있었다. 세상을 떠난 지 일 년이 되도록 고스란히 보관되어 있는 것이다. 미국에 출가한 자녀 두 명이 있는데 그들의 분주한 생활 때문에 할머니가 아프다는 형편을 이야기하지 못한다고 했다. 벽에 붙여둔 사진으로 미루어 대학원을 졸업한 공무원 출신으로 전형적으로 인자하고 지성적인 할머니인데. 떠엄떠엄 진한 먼지들의 흔적들이 있어 청소한 지도 오래된 것 같다.

나는 젊어서 고생을 많이 한 탓인지 가진 것을 지키려는 헛된 욕심이 많다. 지금이야 보고 싶은 책들을 e-book으로 쉽게 구매할 수 있다는 사실이 여간 고마운 일이 아니지만, 드물게 한국을 방문할 때마다, 반나절은 서점에서 보내며 구매한 것들, 몇 페이지 읽어 보지도 못한 책들, 몇 번 사용해 보지도 못한 물건들을 선 듯 버려야 하는 고충은 - 생각이 바뀌니 지금은 자질구레한 것들로 보이지만 - 웬만한 용기가 없이는 행동으로 옮기기가 쉽지 않다.

얼마 전에 유엔 산하 기구의 한 보고서가 세대별 연령의 정의를 새롭게 정리했다.

80세 이후를 노년, 66~79세를 중년으로 구분했다. 요사이 유행어로 '신

중년'이다. 노년에 접어들려면 아직 한세상을 더 살아야 하고 내가 죽기 전에 다 버리고 모든 것을 스스로 정리해야만 한다. 그리고 인생의 시간 앞에 조용히 무릎을 꿇어야 한다.

인생의 고희가 되도록 삶의 문제의식이 없었던 것은, 아직도 바쁜 생업이 차분하게 인생의 가치관을 설정할 여유를 허락하지 않는다. 이제야 삶의 시간들을 생각하기 시작하는 것은 노부부의 처지들이 예사롭지 않기 때문이다.

삶의 많은 부분을 정리하고 버린다는 것은 단출해지는 것, 단순화하는 일상의 반복된 삶이 때로는 아름답게 보이지만, 시간 앞에 서면 불안이 겹치는 순간에서 당황한다. 이제 그런 순간 나는 당황하지 않고 차분해지려고 한다. 역경을 이기고 지나온 기억을 회상하며 담대한 운명의 힘 들을 사랑할 것이다.

마르셀 프루스트 『잃어버린 시간을 찾아서』의 주인공 마르셀이 어느 겨울 어머니가 건네준 마들렌 한 조각을 차에 적셔 먹다가, 찻잔 속에 녹아든 마들렌 부스러기가 입천장에 닿는 순간 미처 느껴보지 못했던 회상, 주방 서재에서 회상을 통해 반복되는 무의지적인 위대한 기억들을 사랑한다. 이민자 누구나 노년에 한 번쯤은, 험난한 이민 생활 속에서 찾아오는 무의지적인 강인하고 아름다운 회상들이 있다.

19세기 덴마크 철학자 쇠렌 키르케고르는 이러한 상기(想起)와 대망(待望)들이 우리 마음 안에 있다고 했다. 봄이 오면 과거, 현재, 미래가 어울려 노니는 마음의 꽃밭에서 초록 잎을 피우며 "내 마음아 결국 네 안에서 내가 시간을 재는구나."라며 아우구스티누스처럼 고백하고 싶다. 크로노스(연대기적 시간)의 시간 속에서도 서두름 없이 차분하게 하나님의 카이로스 시간을 꿈꾼다.

　오늘도 운동화 끈을 조이고 현관문을 힘차게 넘는다. 잔잔한 기적 같다. 반복의 일상이지만 사유의 상승이 나에게는 신기하고 고마운 일이라 순간순간을 감사하지 않을 수 없다.

## 불발, 무덤까지의 비밀

 심한 구토와 복통으로 로키뷰병원에 입원했다. 생전에 그렇게 심한 복부 통증은 처음 경험을 한 것이라, 전날 밤 생선회를 잘못 먹은 탓인가 지레짐작하고 응급실을 찾았는데 이틀간 물 한 모금 먹지 않고 각종 검사를 한다. 담낭관이 돌과 찌꺼기로 막혔다고 했다. 이튿날 수술하기 위해 앰뷸런스로 피터로히드병원으로 후송이 됐다. 응급수술이 밀려서 후송이 된 것이다. 전날부터 한국인 간호사 한 명이 나의 병실을 부지런히 들락거리는 것하며, 오늘따라 1명이 증원돼 정복을 입은 건장한 청년 3명의 후송 대원들이 병실에 도착한 것으로 미루어 볼 때 사태가 심상치 않음을 느꼈다.

 후송 대원들의 만류에도 불구하고 나는 복부의 가스가 찬 것을 핑계로 걸어가겠다고 한참을 고집했다. 수액을 받쳐 든 대원과 뒤따르는 이송 침대, 2명의 호위를 받으며 나는 긴 복도를, 마치 훈련병처럼 팔을 흔들며 의기양양하게 빠른 걸음으로 앞장서서 걸었다. 통증은 심했지만, 오랜만의 상쾌한 기분이다. 1층에 대기하고 있던 앰뷸런스 침대도 스스로 올라가서 누웠다. 그제서야 대원들이 나를 보고 폭소를 터뜨린다. 담석 제거 수술을 한 그날, 병실로 돌아왔다. 여전히 수액에 의존한 채 나흘을 금식

하고 다시 쓸개 제거 수술을 했다. 그리고 이틀 후에 퇴원했다. 퇴원 마지막 날의 수프와 주스를 제외하고는 거의 수액에 의존했으니, 기진맥진이다. 일주일 어간에 두 번의 전신마취, 시도 때도 없이 수시로 진행되는 각종 검사, 마약성 진통제에 몸이 절어, 며칠 밤을 환각 속에서 지내기도 했다. 그간의 고통 어찌 잊을 수 있겠는가?

8월 12일, 강혜정 소프라노 성악가의 캘거리 공연에 '캘거리한인합창단'이 출연할 예정이어서, 8월 7일(화) 총연습이 공지되었다. 그동안 입원 사실을 함구했던 터라, 합창단 카톡 방에 글을 남겼다. "쓸개 제거 수술 후 8월 6일 퇴원, 8월 12일 리허설 시간에 맞추어 참석하겠습니다."

집에서 꼼짝하지 않고 누워서 쉬는 한 주일 내내 복부 통증이 가실 줄을 모른다. 처방을 내준 마약성 진통제에 의존하며 나흘을 버티다 독성이 너무 강한 것 같아 중단하고 고통을 참아내기로 했다. 제한하는 음식이

왜 그리 많은 지, 일 주일만에 5kg이 줄었다. 이민 생활 25년 만에 처음으로, 그렇게도 소원하던 70kg 아래로 줄어든 것이다. 오직 밥공기의 양을 절반으로 줄였을 뿐, 하루 종일 누워만 있었는데, 다이어트의 쉬운 방법을 의외로 가까운 곳에서 찾았다는 즐거움이 통증과 상쇄를 한다. 고통속에서 발견하는 조그만 기쁨이 오늘 아침을 상쾌하게 만든다. 잊을 수 없는 사연들 때문에 '내일 합창단 공연에 꼭 참석하리라.' 다짐하는 순간이다.

지난 9년 동안 궂은 날씨를 마다하지 않고, 연습 시간에 맞추느라 과속 주행이 어디 한두 번이었던가. 연습이 끝나기가 무섭게 제일 먼저 달려 나와 주차장으로 냅다 뛴다. 10시에는 가게 문을 닫아야 하는 절박함 때문이다.

김하나 지휘자는 셋째 아이 출산을 곧 앞두고도 연습을 강행했다. 연습 중 "아이고, 곧 아이를 낳을 것 같아요."라 중얼거리더니 그녀는 몇 며칠 후에 출산했다. 박현미 반주자는 반주하느라 손가락이 퉁퉁 부어오르는 것을 참아내며 지도를 했다. 몇 년 전, 베토벤 교향곡 9번 합창 전곡을 캘거리 필하모닉 오케스트라 합창단과 함께 잭 싱어 홀에서 협연했다. 곡이 빠르고 독일어가 생소해서 수십 번을 반복하며 연습해야 했는데 파트별로 따로 연습할 때면, 나는 피아노 옆에 바짝 앉아서 박현미 반주자의 퉁퉁 부은 손가락을 바라보곤 했다. "손가락이 너무 아파요" 가슴이 아팠다. 그 수고 덕분에 전곡을 거의 외워서 출연했다. 모든 단원이 고통을 감내하며 전력투구했던 모습들이 불현듯 떠오르는데 꼭 가야만 한다.

아내가 밤늦게 가게에서 돌아와 전화를 받거니 주거니 요란하다. 합창 공연 합류는 어림 반 푼도 없다는 듯, 거실 소파에 누워있는 나를 힐끔힐끔 쳐다보며 큰 소리로 떠들어 댄다. 며느리도 끼어들었다. 전화로 아내와 맞장구를 치는 것 같더니 전화기를 건네준다.

"아버님 식사 시간 외에는 꼼짝없이 누워서 주무셔야 해요. 그래야 수술 부위가 빨리 아물지요."

엑스레이, 울트라 사운드, 피검사, 패밀리 닥터와 수술 담당 전문의 면담 등 줄줄이 예약된 일정 계획을 반복 설명하는데 속사포를 쏘아대듯 쉼이 없다. 며느리는 매일 가게로 나가 팔을 걷어붙이고 일을 돕는다, 피자 도우를 만들고 배달도 하는 것이 안쓰러워 "알았다."고 말했다. 목이 메어 짧은 대답 외에는 달리 할 말이 없었다.

밤 2시가 넘어서야 아내는 잠이 들었다. 나는 기다렸다는 듯 숨을 죽이며 살금살금 차고로 갔다. 차 속에 늘 보관하던 합창단 바인더와 구두를 꺼냈다. 아내가 내 차를 몰고 일터로 나가기 때문에 미리 꺼내어 실내 구석진 곳에 숨겨 놓았다. 구두를 신는 일은 경조사 외에는 좀처럼 드물고, 늘 까만 운동화를 신고 다닌다. 언젠가 공연이 있어 일하다 공연장에 가까스로 도착하니, 공연 양복은 챙겼는데 합창곡 바인더와 구두를 미처 준비하지 못했다. 그 이후로 지금까지 자동차에 늘 가지고 다닌다. 통증에 대비해 마약성 진통제 한 알도 준비했다. 나는 아침에 시침을 뚝 뗀 채 누워있었다. 점심이 지나고 아내가 차를 몰고 나가자 빠른 동작으로 목욕을 끝내고 연주복을 꺼내 두었다.

전화를 걸기 시작했다. "나를 공연장에 좀 데려다 주지." 병실로 병문안을 온 것을 핑계로 전화를 했다. "누구 혼나는 꼴 보려고, 누나한테 나 맞아 죽습니다." 어떤 부탁도 마다하지 않던 친구가 단호히 거절한다. '어라, 철저히 봉쇄를 당했구나. 택시를 불러야겠다. 아니, 올 때의 번거로움 때문에 그것도 힘들겠군.' 비장한 마음으로 다시 전화를 한다.

20여 년간 '누님, 언니.' 하며 절친하게 지내던 두 내외가 합창단원이다. 부탁을 하자 흔쾌히 응했다. "올 때 아무것도 사 오지 말고." "알았습니다." 서로 미주알고주알 터놓고 이야기하는 터라, 증거를 남기면 안 된다는 뜻을 얼른 알아차린 것이다. 도착하려면 두 시간이 남았다. 발성연습으로 목을 부드럽게 하는가 하면, 합창곡을 반복해서 부르며 완전히 외웠다. 중단했던 마약성 진통제를 미리 먹어 두었으니 온몸이 가볍다. 식은땀이 흐를 것에 대비해 오랜만에 손수건도 챙겼다.

땡동, 문의 벨이 울린다. 집으로 들어올 생각은 않은 채 독촉을 한다. 두 부부는 기어이 문턱도 밟지 못하고 나는 엉거주춤 차에 올랐다. 틈만 나면 농담과 수다를 좋아하던 중년의 부부가 침묵으로 일관하니 분위기가 어색하다 "(오늘 이 사실을) 우리 셋이서 무덤까지 가지고 가야 합니다." 나는 흠칫 놀랐다. 그렇게까지 심각한 일인가? 400여 명의 청중이 몰려든 연주회가 성황리에 끝나자, 식은땀이 줄줄 흐르고 아랫배에서부터 통증이 시작된다. 돌아오는 차 중에서 연신 물만 들이켜는데, 이번에는 두 내외가 합창하듯 속삭였다. "무덤까지 가지고 가야 돼." "걱정하지 말아." 다짐하듯 약속했다. 집 앞에다 내려다 주더니 냅다 훌쩍 떠난다.

모든 흔적을 말끔히 치웠다. 007작전처럼 완벽하게 오늘의 임무 수행을 끝냈다. 치밀한 봉쇄망을 뚫고 해내다니…. 쾌감 절반, 통증 절반의 기운을 품은 채 이내 깊은 잠에 빠져들었다.

"오늘 합창단 공연에 참석했어요?" 잠결에 아내의 소리가 들린다. "응." 연신 전화기를 돌리는 것 같았다. 그리고 이튿날 아침에도 전화하느라 분주하지만, 당사자 부부는 전화를 받을 리가 만무하다. 내가 침묵으로 일

관하니 더 이상 물어보지 않는다. 변명도 도움이 안 된다. 더 이상 요란을 피우면 한마디 하리라. 생각을 바꾼다. 모두들 나 때문에 고생하는데 이때는 침묵이 상수다.

아뿔싸! 디스 타임 신문사가 합창단원에게 제공한 까만 상표 '디스 타임'의 패트 물병이 주방 구석의 빈 패트병에 섞여 있다니. 그놈이 유독 철부지처럼 싱그렁벙그렁거린다. 유난히 상표가 예뻐서 집에 올 때까지 남은 물을 다 마셨는데 화근이 됐다. 그 사건 이후 일체 말이 없었다. 며칠 후, 아내는 두 부부가 평소에 좋아하는 물김치 한 병을 담가 들고는 미장원으로 향했다. 내가 이발을 마칠 때까지 누구도 그날의 사건을 이야기하지 않았다. 부근의 카페에서 기다리는 동안, 아내의 머리 손질이 끝나고 차에 오르니 "다음에 꼭 좀 초대해 줘요, 시간이 많으니까 언제든 달려가겠습니다."라며 연신 싱글벙글이다.

'비록 무덤까지의 약속'은 나의 사소한 실수로 불발이 되었지만, 위대한 침묵과 열정으로 빚어낸 노년의 아름다운 사건이다. 잊을 수 없는 추억으로 남아 무덤에 갈 때까지 삶의 한 페이지를 장식하리라.

# 노년의 우정

우정(友情), 신비로운 힘을 지닌 가슴 벅찬 단어이다. 인생의 연륜이 깊어 갈수록, 삶을 감동적으로 이끌고 포근하게 만드는 놀라움이 있다. 노년의 우정이 너무 아름다워, 만나면 눈물을 펑펑 쏟을 때가 있다. 친구를 넘어 손위, 손아래를 가릴 것 없이 오랜 지인 사이에 스스럼없이 나누는 정신적 유대감이 깊어 갈 때 고백처럼 나오는 표현들이다.

19세기 독일의 철학자 헤겔이 그의 저서 『법철학』에서 로마 신화의 미네르바와 동행하는 신조(神鳥) 부엉이를 가리키며 "미네르바의 부엉이는 황혼이 저물어야 비로소 그 날개를 편다."라는 유명한 말을 남겼다. 철학은 예측이 아니라 지나간 역사적 사실들이 분명해진 이후에야 그 의미가 뚜렷해진다는 의미일 것이다. 나의 우정도, 깨달음이 무르익는 인생의 황혼 녘에야 비로소 그 의미를 깨닫고 우정의 날개를 펴게 됐으니, 부끄럽지만 다행이다.

우정, 나에게는 매우 생소한 단어이었다. 한국전쟁, 어린 시절의 가난한 환경에서 성장한 탓인지, 지금도 가슴속에는 절박함의 DNA가 늘 따라다닌다. 걸핏하면 가는 곳마다 단체와 클럽을 만들고 정강과 조직을 운영하며 참여했다. 끈끈한 인연으로 연분(緣分)을 남달리 많이 쌓아갔지만,

생활의 절박함이 느지막한 이민 길에 떠밀려, 그 많은 인연의 끈을 순식간에 놓쳐 버렸다.

전혀 낯선 적막강산의 땅에서, 조그만 식당에 전력투구하며 일 년에 하루를 쉬고, 한 장소에서 사반세기 동안 한곳에서 일하고 있다. 교회를 네 번이나 옮겨 다니고, 여러 곳의 단체에서 봉사하며 끈끈한 친구의 인연을 많이 만든다. 누가 물으면 절친한 친구라는 말을 자주 하지만 우정의 친구라는 말이 선뜻 나오지 않는다. 진정한 우정의 의미를 깨닫지 못해, 우정을 감히 말할 수 있는 자신이 없었을 것이다.

합기도 대사범 윤병옥(정각) 관장은 나에게 우정의 참 의미를 가르쳐 주고 깨닫게 한 스승과 같은 지인이요 어르신과 같은 친구이다. 첫 인연의 행운은 우연히 찾아왔다. 20여 년 전쯤이다. 정원의 아름다운 꽃들과 나무마다 새집을 만들어 해마다 철새들이 찾아 드는, 지금도 소박한 집을 그대로 지닌 체, 천국과 같은 삶을 살고 있는 집, N.W 끝자락 집 앞을 지나다 눈을 치우는 한 분을 만났다. 그 당시 한국 교민들을 만나기란 무척 힘든 일이라 다가가서 "한국 교민이세요?"라고 물었다, 정각은 흠칫 놀라며 "그렇습니다만…." 초면인 데도 따듯한 차 한 잔을 대접받았다. 집 앞의 골프장과 인근의 호수가 아름다워 이곳에 산다고 했다. 그다음 주일, 제일 장로교회에서 다시 만났다. 같은 교회 교인이라는 것을 그때야 알았다.

나는 이미 정각 관장의 절친한 친구 민초 이유식 시인과는 캘거리 문인 협회 창단을 함께하며 자주 만났고, 손위 형님이신 대한민국 국선 입선

작가이신 윤병운 부부 화백과는 아들 미술대학 진학 때문에 17Ave '서울화랑'에서 자주 만난 터이다. 윤 화백은 음악 감상에도 남다른 지식과 조예가 깊어, 딸의 대학 졸업 연주회에는 소중하게 소장하던 마리아 칼라스 Tape 한 세트를 선 듯 선물하기도 했다. 2년 전에는 아파트로 이사를 하면서 성악을 전공한 딸 순영이를 위해 그렇게 오랫동안 소장하고 아끼던 빈티지 오디오 마란츠 한 세트와 클래식 레코드 700여 장을 선물 받았다. 운반 도중에 고장이 나서 빈티지 오디오 전문 수리점에 의뢰해서 작년 겨울에야 겨우 완벽하게 수리했다. 하이엔드 한 세트도 따로 구입해서 번갈아 가며 이것저것 들어보며 오디오 초보자 입문에 들어선 것도 우정의 덕분이다. 플라톤의 제자 아리스토텔레스가 말하는 우정의 세 덕목 중에서 즐기기 위해서, 효용성을 위해서가 아닌 덕을 위한 우정일 것이다. 덕을 위한 우정이란 서로 존경하며 관계를 손상시키지 않기 위해 노심초사하는 인생 최고의 덕목 중 하나이다. 우정은 과일처럼 서서히 익어가는 것이다.

더구나 그 당시 100세가 가까운 어머님이 알츠하이머 질환으로 양로원에 계실 때, 형제분들의 노모의 지극한 수발에 대한 일화는 지금도 캘거리 교민 사회에 전설 같은 일화로 회자되고 있다. 윤 화백은 임종 시까지 매일 새벽 수영을 끝내고 어머니를 뵈었다. 나도 한국에 계신 어머니가 그리울 때는 혼자서 윤 화백의 모친을 찾아뵙곤 했는데 늘 의자에 앉아서 웃고 계셨다. 간호하던 직원들이 하루도 빠짐없이 자제분들이 문병하는 사례는 유일하다고 했다. 언젠가 털신을 사서 신겨드렸더니 손을 꼭 잡아 주시던 따스한 손길을 지금도 눈에 선하다.

그런 인연으로 정각 관장과는 급속도로 가까워지며 친구의 인연을 맺었다. 주로 새벽 골프장에서 정각, 민초와 셋이서 만나며 우정을 싹틔웠다. 상전벽해의 급변하는 시대 속에서도 흔들림 없이 맺어진 인연의 우정 사이로 늘 신선한 바람이 흐른다. 인격이 흐른다. 철부지 같은 나에게 실망하지 않고 인내의 세심한 배려가 늘 썩지 않게 만든다. 정각 관장이 어느 날 불쑥 가게로 찾아왔다. 풍수지리학자가 시립 묘지 새로 분양하는 자리가 명당이라고 하니 죽어서도 같은 장소에 있어야 한다며 예약 증서를 가져왔다. 그다음 날 분양을 받았는데 십여 년이 넘은 것 같다.

언젠가 정각을 필두로 20여 명의 교인이 가게로 들이닥쳤다. 새로 개척 교회를 세우려고 하니 합류해야 된다고 혁명군처럼 닦달했다. 가게에서 창립 예배를 보고, 윤 관장의 도장을 빌려서 60여 명이 몇 개월 동안 주일예배를 보았다. 삼고초려해서 호형호제하던 최고의 지휘자를 청빙했다. 한때는 교인 60여 명 중 성가대원 25명, 기악 연주팀까지 30여 명이 넘었다. 어느 날 수요예배에 임시 제직회가 열렸다. 느닷없는 신임 투표였다. 담임 목사와 지휘자의 신임 투표였다. 담임 목사가 사회를 진행했다. "담임 목사 유임을 지지하는 제직은 손을 들어 가결하고, 지휘자 유임은 비밀 투표로 처리하겠습니다." 누구 와도 상의 없이 아내와 나는 그 다음 주일부터 교회를 떠났다. 많은 교인들이 전화를 했으나 상처를 줄까 일절 받지 않았다. 한 해가 지나간 후 정각을 만났다. 상처와 인내의 기다림을 우정으로 포근히 감싸 주었다.

정각의 더덕밭에서 옮겨 심은 더덕은 20여 년이 지나 지금도 나의 텃밭에서 건강하게 자라고 있다. 작년 여름 병치레로 달포 정도 요양 중이었는데 귀한 수국 화분을 들고 불쑥 찾아왔다. 정각이 돌아간 후에 뒤뜰의 텃밭으로 갔다. 수북한 잡초 사이의 더덕을 잡고 흔드니, 나를 알아보고 향기를 뿜어낸다. 더덕 향이 사방을 진동한다. 수국은 매일 아침 물을 주어야만 하는 번거로움이 있으나 우정의 선물이라 정성껏 키우고 있다. 정각 관장의 향기로운 체취다.

나의 집 이곳저곳에는 정각의 체취가 곳곳에 널려 보관되고 있다. 야산의 무거운 돌을 주워 받침대를 만들어서 조각하듯 밤새도록 붓글씨로 아름다운 시를, 향내 나는 나무판 위에 글씨를 조각하고, 메모지 함에는 성경 구절이 정각 독특한 필체로 번득인다. 십자가가 달린 새집을 만들어 보냈는데 조르라기 작은 새가 차치하고는 로빈새보다 먼저 와서 둥지를 틀고 울어댄다. 가을에 나뭇가지들로 실내를 꽉 막아놓고 떠났다.

정각은 한때는 수준 높은 공중부양술을 근간으로 청와대 경호팀 무술 지도를 한 후 캘거리에서 35년이 넘도록, 여든의 나이가 가까워오는 데도 제자들 육성에 여념이 없다. 오래전, 대낮 점심시간에 맥주를 한잔 거나

하게 걸친 채 우리는 시청 방향으로 한참을 걸었다. 정각을 알아보는 많은 제자들이 "하이, 마스터 윤."하며 분주하게 인사를 건넨다. 의사 공무원 사업가 등 이 사회에 주류를 이루고 있었다. 600여 명의 검은띠 유단자를 배출하고 제자가 30,000명에 이른다. 나는 "윤무관합기도챔피언십대회"에서 하모니카로 애국가를 반주한다. 다섯 해가 넘었다. 제자들에게 아름다운 패배 겸손한 승리를 가르친다. 학모들의 표현대로 이미 정신적인 지주다.

13년 키운 애완견이 세상을 떠나자 한동안 만날 때마다 목이 메고 눈시울을 붉히더니 사소한 감기에도 시름거린다. 애완견의 생전 이야기를 들으면서 나도 눈물을 흘리고 가슴 아파한다.

우정은 정(情)의 의미를 포함하고 있지만 친구를 선택하고 유지하는 데는 높은 이성적 판단을 요구한다. 키케로는 『우정론』에서 사랑하고 나서 판단하자 말고 판단하고 난 후 사랑하라고 주문한다. 감성과 이상의 완벽한 조화를 가진 정각의 우정 앞에서 그의 인품이 너무 아름다워, 작년에 다섯 차례 점심을 하면서 울먹거리기만 했다. 그의 우정 앞에 서면 세상 살만하다.

# 타이치

느닷없는 초고속 장수 시대에 진입하면서 삶의 지혜가 더욱 필요함을 느낀다. 생활의 지혜, 생각의 지혜를 넓히는 방법에 대해서 고심하던 중, '타이치 운동 강좌' 광고를 보고 주저 없이 '캘거리한인노인회' 회원으로 가입한 지 3개월이 지났다.

한 달에 한 번 정도 만나서 지인들과 식사하며 담소하는 즐거움이 있는가 하면, 특별 행사 프로그램들이 있어서 좋다. 지금도 매주 금요일 아침 10시 30분, 한인 회관 강당에서 계속 중인 타이치 초보 강습은, 11월 둘째 주에 종강한다고 한다. 같은 시간대의 장례식 참석을 제외하고는 빠짐없이 참석해서 운동을 배우고 있는 중이다.

나는 지금 타이치 운동의 매력에 푹 빠져있다. 종강을 하고 나면 인근의 TRICO 커뮤니티 센터 FLC 시니어 그룹의 타이치 수강을 계속할 것이다. 인생에 매우 도움을 줄 수 있는 흥미 있는 운동이기 때문이다.

태극권이라고 부르는 중국의 전통 체조 방식의 권법 타이치는 "부드러운 것들이 강한 것들을 이긴다."라는 유능제강(柔能制強)의 독특한 이론에서 출발한다. 명상, 단전호흡, 기공이 아우러진 몸과 마음이 자연과 일치하는 상태에서 기를 원활하게 해주고 마음에 느슨한 평화를 만들어 준다. 보건, 무술, 의료의 3박자를 두루 갖춘 노년에 매우 이상적인 운동이다. 아주 작은 공간에서 때로는 의자 하나로도 충분한 호흡 명상과 근육 운동을 할 수 있어서 좋다.

항상 꼬리뼈를 곧게 세워야 한다. 체중을 오른발과 왼발로 옮기고 허리를 좌우로 끊임없이 돌리는 동작이 반복되기 때문에 관절과 디스크 예방 치료에 효과적이라는 수많은 임상 논문이 이를 입증한다.

특별히 나는 장기가 건강해지는 것은 물론, 반복되는 유연한 동작으로 근육이 이완되고, 몸 전체의 균형을 찾아주는 기능이 향상되어, 몸의 피로가 줄어드는 체험을 한다. 연속적인 원운동이 일반 체조와 다른 점이어서 자세를 통합하는 기능이 있다. 곡선의 동작은 관절이나 척추, 근육 통증에 개선에 적합하도록 무리 없는 운동으로 구성되어있다. 전통적 타이치 운동을 배우기 쉽게 고안한 간이 8식 기법과 유사하다. 심장, 호흡 순환, 수면장애, 고혈압, 하체 단련 운동과 겨울철 낙상 예방에 제일 효과로 인정되어 캐나다 정부 유관 단체에서 적극적으로 재정을 지원하고 있을 정도이니, 기공이나 외가권(外家拳)에서 느끼지 못하는 삶의 지혜를 많이 내포하는 유연한 운동이다. 태권도와 합기도가 외가권의 운동이어서 유소년과 젊은이들이 즐기는 운동이라면, 타이치는 내가권 운동이라 할 수 있다. 내공을 중시하는 느릿느릿한 춤사위의 동작을 보는 듯하다. '요가'나 '필라테스' 등과 비교하면 또 다른 묘미가 있어 중년 여성이나 노약자에게 적합한 운동이다.

몇 주 전에 이 운동을 지속하자는 하자는 여론이 있어 노인회장이 설문조사를 했다. 타이치의 반응과 30여 명의 수강 회원들 중에는 몇 차례 다른 커뮤니티에서 배운 적이 있는 회원들조차도 절대 다수가 찬성했다. 지금의 젊은 중국인 강사가 잘 가르친다는 것이 주된 이유다. 현 캘거리 노인회 회장인 선우 종찬 박사 내외와 임원들의 헌신적인 봉사도 오랜 기억에 남을 것이다. 쉬는 시간에 커피 제공과 운동 후의 푸짐한 간식 제공은 투철한 봉사 정신이 없으면 하기 힘든 일이다.

자녀들이 캘거리 의사로 근무했던 인연을 계기로, 한국의 지방 종합병원 이비인후과 과장으로 재직하다, 로키산맥이 좋아 이민 생활을 시작했다. 의료 통역 봉사 등 많은 봉사 생활을 경험했다. 원칙과 상식을 중시한다. 정부의 규정에 어긋나면 힘든 것을 감내하면서 과감하게 개혁하고 실천한다. 이를 지켜보는 모든 노인 회원들이 뿌듯함을 느낀다.

중국의 수필가 임어당은 생물학적인 관점에서 "인생은 한 편의 시에 가깝다."라고 했다. 인생은 각자의 독특한 리듬, 맥박과 성장, 노쇠의 내부적 주기를 거치면서, 내분비선의 활발함을 잃게 되고, 황혼기에 접어든다. 각자가 이민 철학들을 지니면서 지내다, 소멸하며 영원한 잠 속으로 들어가는 이 아름다운 리듬을 깨닫는 한 편의 시를 만들기 위해, 부지런히 움직이는 노인회 회원들을 위해서라도 타이치 운동이 지속되었으면 하는 바람이다.

인생을 두고 "그저 살았고, 보았고, 죽었다."라고 한 대문호 셰익스피어의 무의미한 외침을 듣는다. 아침마다 한 동작으로 유연한 운동을 하며, 차 한 잔 마시고, 사회봉사가 곁들여지는 하루가 지속되는 한 인생은 아름다운 시 한 편을 지을 수 있기 때문 이리라. 나는 밤하늘의 총총한 별들을 바라보며 맑은 꿈을 꾼다.

# 팔순의 맑은 영혼

　맑은 영혼을 지닌 사람들 옆에 서 있으면 나의 영혼도 어느 사이에 맑아진다. 기쁨이 차오른다. 그저 같이 지내며 활동하는 것만으로도 족하고, 오래 머물고 싶은 충동이 인다.
　희수(喜壽)를 지나 팔순을 앞둔 두 노인을 만났다. 한 분은 오늘 낮 양로원 방문 공연에서 이태리 가곡을 원어로 독창한 안인숙 여사이고 또한 분은 당일 저녁 N.E 쉐라톤 호텔에서 열린 Yoon's martial arts school 35th annual hapkido championship의 시상식에서 조우한 전각 윤병옥 합기도 관장이다.
　두 분 모두 평소 차분한 목소리로 인자하고 정분이 넘치는 모습이나, 대중 앞에 서면 어디서 그런 힘이 솟구치는지 쩌렁쩌렁하다. 중년을 능가하는 노익장들이다. 늘 나의 귀감이 되곤 했는데 다시 만나게 되니 그 기쁨을 어디다 비교할까?
　이날 1, 2부로 나누어진 시상식은 저녁 5시 정각에 시작되어 1,2부 시상식 모두 9시가 되어야 가까스로 끝이 났다. 조금도 지루하지 않고 모두가 자리를 지켰다. 실내 강당의 200백여 석의 의자에 빈자리가 없어 나는 대부분 서서 구경했다. 앞자리에는 60여 명을 웃도는 아트 스쿨 주니어 수상자 선수들이 맨바닥에 자리했다. 1, 2부, 심판 요원을 모두 합쳐 연인원 550명을 웃돈다.

단상 전면에는 170여 개가 넘는 크고 작은 트로피와 50여 개의 큼직한 메달, 승단 인증 상장들로 채워졌다. 나는 숨 가쁘게 진행되는 4시간 동안 많은 참관인들과 이야기를 나누며 지켜봤다. 등록된 관원들이 500여 명이 넘는다고 했다. 윤 관장은 수상자들에게 일일이 트로피와 메달을 수여하고 기념 촬영을 했다.

호명 당한 수상자들이 대답이 미약하면 불호령으로 질책하며 다시 호명했다. 유단자인 한 학부모는 5살에 관원이 되었고, 결혼해서 지금 초등학교 두 자녀들이 오늘 시상식에 참석했다고 매우 자랑스럽게 들려준다. 많은 학부모들도 같은 경험을 하고 있다고 한다. 여러분이 심판 진행 요

원 등 봉사한 공으로 공로 메달을 받았다.

직장을 따라 많은 도시에서 살았는데 단일 도장으로 규모나 수준이 최고 수준이라고 선뜻 들려준다. 45년 전, 캘거리 자택 지하에서 도장을 개설하고 10년 후 매회 챔피언대회를 치른 지도 35년이 지난 즈음 40,000명이 넘는 관원을 배출했다.

지난주 캘거리 북쪽 제네시스 체육관에서 열린 제35회 챔피언 대회가 끝날 무렵 윤 관장은 한 사범을 의자 두 개로 머리와 발끝을 맨몸으로 걸치게 눕혔다. 수박을 사범의 배 위에 올려 올려놓았다. 손에 땀을 쥐게 하는 순간이다. 예리한 검도가 수박을 내리치자 두 동강 났다. 학부모, 선수, 심판, 경기 진행 요원 모두가 기립해서 그랜드 마스터 윤병옥 관장을 향해 '사부님'을 외치며 일제히 머리를 깍듯이 숙여 경의를 표했다.

순간 나는 코끝이 시큰거렸다. 얼마나 자랑스러운가? 무슨 이유로 힌두교 이슬람 민족이 집단으로 거주하는 캘거리 북쪽 변방에서 정신적 지도자로 추앙을 받고 있을까?

"Be Proud! Be humble!"

전각 윤병옥 관장은 운동 이전에 인생철학을 가르친다. 네 살배기 어린아이 관원들도 차렷 자세를 하고 큰 소리로 복명복창을 하도록 교육한다. 철저한 자기 수양을 통해 끊임없이 마음을 비워낸다. 비움은 도약의 근원이다. 그 빈 마음에 늘 새로움을 창조하고 개혁한다. 그는 안과 밖으로 늘 가난함을 견지한다. 권한의 대폭 위임이다.

전각 관장은 젊은 시절, 공중 부양 무술에 관한 한 최고의 사범이었다. 45년 전 이민을 온 후 이 터득한 무술을 빨리 전수해야 한다는 강박한 사명감 때문에 지금도 하루하루를 긴장하며 아슬한 삶을 살고 있다. 수제자

마스터 바비(Bobby Triantafillou, 태권도 7단)를 키워냈다. 그리고 수백 명의 검은띠 유단자를 배출했다. 젊음의 창의력과 힘을 합쳐 새롭게 상승하기 위해서 그에게 쉼이란 단어는 낯설다. 연민(compassion)의 정으로 여생을 추스른다.

얼마 전 13년을 키우던 사랑하는 애견이 암으로 고생하는 모습을 늘 안타까워했다. 노환의 임종 순간을 지켜보며 두 팔로 안고 아내와 함께 마지막 애견이 좋아하던 너른 호수를 한 바퀴 돌고 난 후, 안락사시켰다. 전각은 그 후 어깨 통증으로 오랫동안 고생을 했다. 사랑하는 제자가 자살했을 때 그의 슬픔은 이루 말할 수 없었는데, 오늘 수상식에서 두 자녀가 단상에서 밝은 모습으로 인사를 해 많은 관원들을 감동시켰다. 전각은 한참 후에 이 슬픈 사실들을 울먹거리며 이야기할 때 나도 눈물을 참지 못했다.

노인이란 호칭은 나이를 먹으면 절로 따라오지만, 어르신이란 호칭은 치열한 자기 성찰과 비움을 통해서 얻어진다. 오늘 만난 두 분들은 어르신들이다. 옛말에 진취성이 없고 시원스럽지 못한 노인을 '여든에 둥둥이'라고 불렀다. 그렇게 불릴까 두렵다.

## 절망을 넘어 희망으로

경자년 새해 아침, 절망과 희망의 경계선에서 묵상하며 희망의 참 의미를 깨닫습니다. 이제는 당당하게 희망의 노를 저어갈 수 있는 힘이 솟습니다. 나그네 인생 사반세기가 넘도록 희망은 디아스포라 꿈으로 가득 찼습니다.

제트기류를 타고 나는 초록빛이었습니다. 그러다가 빛바랜 초록이 제야의 언덕에 서면, 희부연 안개처럼 잿빛만 어른거렸습니다. 종소리는 채찍의 종소리, 후회의 종소리, 그 소리가 두려워 일찍 잠이 들곤 했습니다.

허상의 요란한 꿈들이 용두사미처럼 슬그머니 사라지는 반복의 연속이었습니다. 희망을 향한 의지는 절망의 유혹을 떨치지 못하고 늘 맴돌았습니다. 이민 인생은 다 그런 것, 체념이 지배하는 사슬에서 벗어나는 방법을 몰랐습니다. 절망의 나락은 추락이 아니라 차라리 중력의 아늑함이었습니다.

어느 시인의 노래처럼 돼지가 삼겹살이 되어 힘이 다하는 날, 붉은 핏빛 속으로 풍덩 뛰어들어도 웃음 짓는 연분홍 머리가 더 좋아 절망의 비애가 더 따스하게 느껴질 때도 있었습니다.

희망의 토템 풀, 로키산의 보우강도 절망의 무게 앞에서는 감당할 수 없는 가슴의 폐허로 버려진 채 검은빛으로 고이기 시작했습니다. 그러나 세월은 절망 가운데서도 열심히 살아온 이민 인생 덕분에 희망의 실낱같은 끈 하나쯤은 간직하고 있는 위대한 존재가 인생이라는 것을 깨닫는 순간입니다. 살아서 견뎌낸 이민 인생이 아름답고 준엄하게 보이기 시작했습니다. 혹독한 절망의 늪에서 노를 저어보지 못한 인생은 희망의 참 의미를 알 수가 없습니다.

집 앞마당 찔레꽃은 가지를 잘라내고 척박한 환경일수록 가지가 왕성하고 꽃이 아름답습니다. 진한 향기를 품습니다. 토실한 빨간 열매는 비바람이 몰아치고 눈보라의 극한 상황 속에서도 이듬해 철새들이 날아들 때까지 꼭 붙들고 있습니다. 철새들이 좀 늦게 도착하면 부지런히 새싹을 돋아 내도 단단히 붙들고 있습니다. 우리 집 로빈새도 찔레 열매로 배가 불룩하면 한참을 서성이다가 며칠 후 다시 귀환합니다.

희망과 절망은 내 안의 마음 공장에서 같이 만들어지는 것, 절망이 외롭다면 희망은 더 외롭고 긴 여행이어서 종신형이라고 시인은 노래합니다. 절망의 긴 터널에서 방황을 할 때도, 터널을 붙잡지 않았습니다. 절망의 바닥을 체험하는 순간 공허한 공간 속을 탈출했습니다. 절망의 바닥은 오만과 욕심 거짓으로 가득 채워진 곳, 항상 생각이 복잡해서 피로합니다. 절망은 절망 자체이므로 속이지 않습니다. 희망은 가끔 가면을 쓰고 우리를 속입니다.

인고의 세월 속에서 터득한 희망은 진흙 속에서 장미꽃을 피우는 일이어서, 스스로 한층 가혹한 채찍을 들어야 된다는 것을 알고 있습니다. 희망의 기쁨은 투명하고 마음이 가볍습니다. 단순합니다. 꼼수가 없습니다. 늘 버리는 일에 익숙해집니다. 의롭습니다. 불의한 것을 참지 못합니다.

그곳에 희망의 샘이 솟습니다. 절망보다도 희망이 더 외롭고 긴 여정임을 알고 있습니다.

그러나 언젠가는 사랑의 긴 강에서 만날 것입니다. 그러한 꿈이 있기 때문에 노년의 여생, 희망의 죄수로 살려고 합니다. 희망의 죄수, 그것은 사랑입니다.

## 내가 꿈꾸는 향유(享有)

고달프고 불안한 굴레의 속박에서 벗어나 진정한 삶의 자유를 누리는 것, 디아스포라가 궁극적으로 꿈꾸는 소망이다. 고난과 시련의 진흙 속에서 피어나는 향유의 꿈 이제껏 살아서 존재하는 것도 감사한 일인데 더 무엇을 바란다는 것은 염치없는 욕망일 것이다.

6.25전쟁 중 1951년 1·4후퇴 때 함경남도 원산에 살던 우리 가족은 할머니 할아버지를 집에 남겨둔 채 전쟁 소식을 들으려고 부둣가로 나왔다가 미군의 마지막 철수 군함이라는 것을 알았다. 수많은 원산 시민들이 지녔던 물건을 모두 버린 채 준비도 없이 엉겁결 배에 탔다.

우리 가족도 어머니가 가슴에 품은 성경책 한 권을 의지하며 승선을 했다. 다섯 살 어린 시절, 쾅 하는 포탄 터지는 소리와 부산의 방공호 속에서 거죽을 깔고 밤잠을 자던 흐릿한 기억뿐이다.

전쟁 기록을 읽으니 미군이 원산에 남겨둔 군수품과 화약 등을 마지막으로 처리하기 위해 원산 시내를 불바다로 만들고 출발하려는 시점이었다고 한다.

이민 생활 15여 년이 쏜살같이 지나갔다. 예순을 넘기고 노인 연금을 수령할 즈음 '이국땅에서 여생을 어떻게 즐기며 살 것인가?'하는 심각한 번민의 생각에 골몰한 때가 있었다. 과로로 온몸은 만신창이였고 어머니마저 돌아가시자 우울증이 겹쳐 몇 해를 고생하던 시절이었다.

주위의 가까운 분들로부터 '이제 그만 은퇴하는 것이 좋을 것 같다.'는 조언이 있었는가 하면, 나의 가정 사정에 밝은 어떤 지인은 '쉬면서 지내보면 외로움과 고통이 더 심할 때가 많으니, 절대 사업을 그만두면 안 된다.'고 몇 번씩이나 찾아와서 당부하는 분들도 있었다.

20여 년 전쯤인가, 어느 은퇴한 교역자댁에서 유명한 한의사를 초청하고 무료로 건강진단을 하고 치료해 주는 자선행사가 있었다. 나를 진찰한 한의사는 심각한 표정으로 지금의 건강 상태로는 몇 년을 살기 힘들다고 했다. 언젠가는 내가 헌신적으로 보살폈던 유학생의 한의사 아버지가 나의 건강 소식을 듣고는 공항에서 바로 가게로 달려왔다. 진맥하고는 여러 곳에 침을 놓았다. 주의 사항이 요란했다. 이튿날 바로 한국으로 돌아가면서 공항에서 또다시 많은 주의와 당부를 한 기억이 새롭다. 그 이후로 나는 언젠가는 죽을 운명, 이웃에게 봉사하다가 죽으리라는 결심을 하게 되었다.

오후 4시에 가게 문을 열기 때문에 시간적 여유가 있었다. 정부에서 시행하는 6개월 통역 과정을 수료하고, 의료, 법원, 학교, 가정 문제 등 가리지 않고 무료 봉사활동을 했다. 청소년 교도소, 지역사회 불우 어린이들에게는 몇 차례 피자 공급도 하는 등 지금까지 600여 회쯤 봉사활동을 했다. 그 공적으로 교민 400여 명의 추천을 받아 과분하게 많은 봉사상을 수상했다. 토론토 한인 봉사상, 캘거리 라이온스 봉사상, 캐년메도우 커뮤니티 봉사상, 교도소, 한인단체 등 송구스러울 정도로 많은 상을 수상했다. 이웃의, 타자에 대한 사랑의 봉사가 잔잔한 나의 기쁨으로 되돌아오면서 병세는 호전되고 안정을 되찾았다.

한 곳에서 가게를 운영한 지 27년의 세월이 지났다. 지난 COVID-19 역병의 2년여 생활 동안 나에게는 많은 변화가 왔다. 낯선 두려움의 세상을 만나며 혈압이 상승하고 질병이 다시 뒤따른다. 응급실 신세를 여러 번 지기도 하는 등, 끊임없는 진료의뢰서에 시달렸다. 단절의 시간이 늘어나자 독서에 열중했다. 그동안 구매한 500여 권의 e-book을 열심히 읽었다.

가을에 접어들면서 안정을 되찾았다. 요즈음은 알버타도 완벽한 의료전산망이 구축돼 각 분야 전문의 진찰 결과와 의료검사가 패밀리 닥터에게 즉시 종합된다. 25년 동안 나를 돌봐 준 패밀리 닥터로부터 여태껏 들어본 적이 없는 최고의 건강 관리라는 칭찬을 받았다.

굴곡의 험한 인생길을 반추하며 이 깊어 가는 가을, 내가 꿈꾸는 향유를 찾아가는 깊은 사유에 잠긴다. 생각의 한계를 넘어서기 위해 밑줄을 그었던 전자책들을 더듬어간다. 화이트헤드의 자기만의 향유, 기원후 3세기 철학자 플로티누스의 존재 철학에서 관조(觀照)하는 삶을 깨닫는다. 프랑스 20세기 철학자 둘레즈가 말년에 '자가 향유가 무엇일까' 고민하는 대목에서 한참을 머문다.

자기를 즐기는 방법은 부단한 타자의 접속을 통한 사랑과 연민을 느끼는 것에서 시작된다. 하나님, 인간과 자연의 사물을 접촉하며 관조를 통해서 얻어지는 잔잔한 기쁨들, 거기에서 향유의 싹이 트고 꽃을 피운다. 돌, 새, 나무, 모든 사물은 마치 서로가 거울을 비추듯 관조한다. 그 속에서 은밀히 속삭이는 이야기들, 그것은 결핍과 고통의 환경 속에서 보이기 시작하면 정신과 영혼이 맑아지며 풍성해진다.

진정한 자기 향유는 이기적 상태를 벗어나서 초연한 상태로 내맡기면

서로의 기운을 주고받는다. 타자들을 이해하고 사랑하며 관조하는 기쁨을 어찌 돈의 부유함과 비교할 수 있을까?

타자들과 꾸준한 접속 연결 없이는 관조의 기쁨이 없다. 존재에 감사하고 살아있음에 감사하는 잔잔한 기쁨 속에서 미래의 불안과 쾌락의 욕망이 사라진다. 주위의 세상이 신비로 다가오며 성스럽고 선한 세계가 보인다.

때로는 이 모든 것들의 단절을 통해서 고요한 고독의 명상에 잠길 때, 늘 깨끗하고 넉넉한 마음의 카타르시스가 일어난다. 아름답고 황홀한 세상이 다가오며 펼쳐질 때 아! 나도 모르게 뜨거운 눈물이 솟구친다.

관조의 습관이 배어들면, 바쁜 일상, 힘들게 일하는 순간 속에서도 감사와 기쁨이 넘치고 화나고 힘들고 우울한 것들을 밀어낸다. 밤하늘의 별과 달, 가을바람 소리, 갈매기가 가게 뒷문에서 배고프다고 서럽게 울며 보채는 소리, 로키산맥의 화려한 저녁놀, 만나는 사람마다 선함이 넘치는 모습들, 그 속에서 들리는 성스러운 하나님의 음성이, 연속적으로 이어지기를 소망한다.

내가 꿈꾸는 향유는 물질의 부유함보다도 결핍의 일상에서 관조하며 타자를 사랑하는 마음으로 잔잔한 행복들을 죽음의 순간까지 함께 가는 것이다.

# 제3부
## 6월 나의 장미여

## 6월 나의 장미여

삼 년 만에 가까이서 보는 너의 얼굴이여
참으로 부끄럽고 창피하기 이를 데 없구나
새집으로 이사 와서 애지중지하게 15년여를 가꾸던
싱그러운 삶의 모습들이, 넘치도록 춤을 추던 시절을 잃은
뒷뜨락 뚝방 정원의 몰골을 차마 눈뜨고 볼 수 없구나
팬데믹이 시작되자 잔뜩 겁에 질려
살아남기 위해 발버둥치느라 보낸 세월들 때문에
뒤뜰의 생명들은 안중에도 없었으니, 이렇게 내가 모질 수가 있었을까.
이 순간 이 비통함을 자책하며 글썽인다
5월의 마지막 날,
묵정밭 앞에서 늙은 세월의 핑계를 탓하는 자신이 원망스럽다
거실에서 바라보는 뒤뜰인데도
소파에 앉아서 한적하게 감상하던 지난 시절이 까마득하다
29년 동안 한곳에서 식당 영업을 붙들고 있는 나에게는
노년 삶의 바쁜 세월이 쏜 화살처럼 획획 지나간다
팬데믹 감염의 두려움 때문에

두 번의 폐렴 예방주사, 세 번의 팬데믹 예방주사, 백내장 수술
치아에 인공 잇몸을 이식하고 임플란트를 4개나 하느라
살기 위해 발버둥친 세월 때문이었다는 변명은 너무 초라하다
무릎까지 훌쩍 자란 풀숲을 없애고 민들레를 정신없이 뽑고 나니
초췌한 모습의 장미들이 한참을 울다가 지친 모습으로
구원의 손길을 내밀고 있었다.
언제 적 갈잎들인가
마른 나뭇가지를 꼭 붙들고 오돌거리는 슬픔을 인 낙엽들이 산적하다
아프리카 오지의 시골 아낙처럼 삐쩍 말라 검게 타들어 가는 나무
가지치기를 하고 대롱대는 갈잎들을 빗질하듯 빗어냈다
비료를 주고 물을 흠뻑 주었다
15그루의 하이브리드 티 장미, 해당화, 넝쿨장미 등이
모두 죽지 않고 살아있으니 눈물겹도록 반갑다.
삼여 년을 물과 비료도 주지 않고
가지치기도 하지 않았는데 용케 버티어 냈다
철쭉 6그루는 약속이나 한 듯 모두 죽었다
영산홍 한 그루만 외롭게 견디어냈으니
죽은 친구들 흔적에 다시 웃음을 찾아주어야겠다
가뭄과 혹한의 추위를 나처럼 죽지 않고 견디어 냈으니 대견하다
나의 장미여
삶의 지혜마저도 주인의 성품을 따라가는가
각목을 쌓아 만든 세계의 계단식 정원에는
블루베리와 체리 나무를 10여 그루를 심었고

그 사이에 인근 계곡을 거닐다
손바닥만한 소나무 어린싹 8그루 옮겨 심었다
어느새 2m 넘게 성장한 나무들이 너무 오리 조밀해서
곁 자란 블루베리 체리 나무들을 과감하게 쳐냈다
장미와 영산홍은 만지기만 해도 잎에는 윤기가 철철 흐른다
늘 가까이만 있으면 예쁘고 건강하게 자란다
어느새 장미꽃들 몽우리를 사방에서 피워낸다
나의 장미들이여
바라보기만 해도 사랑스러운 이여
만지면 손 떨림이 오는 너를 사랑한다
너의 향기가 잦아드는 6월,
해맑고 방긋한 모습으로
나에게 수많은 말을 걸어오는데
견디어 온 전설의 이야기에 취하고
가지런한 근육들이 살아나며
많은 용기를 주는 너를 사랑하는데
내가 줄 수 있는 선물이라 곤
죽은 후의 육신뿐이니
우리 열심히 사랑하자

# 로빈새

 깡마른 누런 잔디 속 사이사이로 새싹이 파릇파릇 돋아나는 오월이 오면, 나의 집 뜰에는 로빈새가 찾아든다. 앞마당 데크 처마널에 로빈새가 둥지 셋을 틀고 해마다 날아든 지 어언 십여 년이 넘는다. 10여 년 세월 동안 정들은 사연들을 어찌 이루 말로 형언할 수 있을까?
 이맘때쯤이면 나는 괜스레 아침 새벽 미명에 일어나 집 안팎을 서성거린다. 가슴이 설렌다. 오월의 캘거리 새벽은 몹시 살천스럽다. 때로는 봄눈이 흠뻑 내려 새싹들이 수난을 당한다. 집 옆 담벼락에 쫑긋이 내민 더덕 덩굴 싹들을 설편(雪片)에 폭삭 주저앉게 만드는 잔혹한 오월이기도 하다. 서재 창문을 빼꼼히 열어 놓는다. 비릿한 새벽 찬 공기에 코끝이 시리다. 나의 귀는 놀란 야생 토끼 귀마냥 연신 쫑긋거린다. 사춘기 아이들처럼 괜스레 가슴이 쿵쿵거리는 것은 로빈새를 보고 싶은 그리움이 애절하기 때문이리라.
 멀리 떨어져 있는 딸아이 순영이를 보고 싶을 때는 언제나 전화로 통화를 하곤 한다지만, 사랑하는 로빈새는 행여나 오늘 올까 내일 올까 노심초사 가슴 졸이며 기다리는 방법밖에 없다. 언제나 수컷이 먼저 날아든다. 자칫 방심하면 어느새 찾아 들어 겨우내 앙증스럽게 매달린 나무 열매들을 먹거나 앞마당에서 힘차게 잔디밭을 쪼는 모습을 뒤늦게 발견하고는 머쓱해진다. 그러나 인내심을 가지고 노심초사 기다리면 첫 대면의 행운이 찾아온다.

철새로 며칠을 먹지 않고 무리 지어 먼 길을 날아온 로빈새 무리들은 줄잡아 삼십여 마리는 될 게다. 앞집 뒷마당에 앙상한 포플러 나뭇가지가 우뚝 서 있다. 매년 같은 나뭇가지 위에 비슷한 무리의 수가 내려앉는 모습들이 경이롭다. 남쪽으로 이동하고 돌아오는 사이에 살아 생존율이 30%밖에 되지 않는다고 하는데도 말이다. 지쳤는지 아무도 울지 않는다. 한참을 넋 놓고 멀거니 앉아있던 녀석들은 곧이어 이리저리 날기 시작한다. 겨우내 매달려 있던 깡마른 나무 열매들을 먹으며 허기를 채운다. 그리고 뿔뿔이 흩어진다. 나의 마당에 내려앉은 로빈새는 매년 찾아오는 수놈 로빈임에 틀림 없다. 평균 수명이 7년 정도라고 말하는 조류학자의 주장에 동의한다. 제 어미가 죽고(?) 난 후 터줏대감이 됐다. 몇 년이 지나서 그런지 몸집이 크고 제법 세련미가 넘친다. 내가 1~2m 앞에서 정원 일을 하여도 대수롭지 않게 여긴다. 나를 알아보는 것이다. 만약 나를 처음 보는 녀석들이면 놀라서 후드득 날아가거나 "찌-익" 소리를 지른다. "찌-익" 소리는 낯선 것들에 대한 경계심의 표시다.

주둥이로 잔디밭을 세차게 찍어본다. 지렁이를 쪼아야 되니까 아직도 땅이 얼어 있는지를 시험한다. 잔디밭이 부드럽지 못하면 며칠 정도 지난 뒤에 다시 돌아온다.

아! 드디어 수놈 로빈새가 암컷을 유혹하는 아름다운 노랫소리가 들려온다. 지난 밤새 떼를 지어 몰려왔나 보다. 미명(未明)이다. 밖으로 뛰쳐나가 사방을 휘둘러본다. 로빈새 수놈들이 지붕 꼭대기에서 개선장군처럼 떡 버티고 자리를 차지하고 있다. 한 집 건너 군데군데 각자 자기영역을 확보한 로빈 들이 세를 과시하는가? 아름다운 노랫소리가 어두운 새벽공기를 쩌렁쩌렁 울린다. 몸매가 날씬하다. 몇 날 며칠을 쉬지 않고 날아왔는지 핼쑥하나 까만 머리에 밝은 암갈색 몸매엔 윤기가 흐른다. 멋쟁이 영국신사 같다. "쪼르르 쪼르르 쪼륵!" "쪼르르 쪼르르 쪼륵!" 혈기 왕성한 젊은 수놈의 끝부분 "쪼륵!" 소리는 목소리에 힘이 넘친다. 이보다 더 아름답고 애절한 사랑의 노랫소리는 들어보지 못했다. 소프라노 성악가의 고음보다도 음역이 높다고 발표한 조류학자의 논문을 굳이 인용할 필요가 없다.

그렇게 몇 날을 아름답게 노래 부르기를 반복하다가 짝을 만나고 둘이서 부르는 사랑 노래는 천사의 목소리도 이처럼 곱고 아름다울 수가 있을까? 이 노래는 가을부터 다음해 이른 봄까지는 부르지 않는다. 다만 "찌르르 르 찌르르 르…." 서로 부르는 소리만 들릴 뿐이다.

2주 정도 지나면 하루에 알을 한 개씩 3~4개를 매일 낳는다. 12일 동안 품은 알은 12일 후면 부화된다. 부화한 후 날기까지 2주 동안 지렁이를 하루에 백번 이상 물어준다고 하니 놀라울 뿐이다.

주위 환경에 만족하면 암놈은 그 2주 동안에 옆에다 둥지를 하나 더 만들고 부화를 반복한다. 그 짧은 캘거리 여름 기간에 전력투구한다. 주어진 삶이 멋지다. 그리고 이른 가을 무리를 이끌고 남쪽으로 떠난다.

내가 로빈새를 유달리 좋아하는 것은 그들 특유의 부지런함이다. 여느 새처럼 한여름 오수를 즐기거나 쉬는 것을 보지 못했다. 때때로 내가 가게를 마치는 깊은 밤 11시쯤 마당엘 들를 때면 그때까지도 먹이를 쪼아댄다. 내가 데크 아래 둥지에 서서 관찰하여도 아랑곳하지 않는다.

이민 삶에 지쳐 힘겨울 때가 있다. 그리고 쉬고 싶을 때가 있다. 그럴 때는 앞마당 로빈새를 생각한다. 하늘로부터 내려오는 새로운 힘이 솟구친다. 일할 용기를 얻는다.

"공중의 새를 보라 심지도 않고 거두지도 않고 창고에 모아들이지도 아니하되 너희 하늘 아버지께서 기르시나니 너희는 이것들보다 귀하지 아니하냐!"

## 일상의 재발견 - 갈매기의 추억

팬데믹 기간을 지나는 노년의 가파른 삶들이 경건한 추억들을 만든다. 추억은 회상할수록 점점 미화되어 본질을 흐리게 할 수 있다지만, 노년의 농익은 추억들이 삶에 녹아들면 융합되어 새로운 창조적 사유의 폭을 넓혀 주는 신비로운 세상을 체험한다. 험한 세상에 풍파를 지나느라 육신은 찌들고 번뇌의 풍랑이 그칠 줄 모르지만, 정신은 점점 맑아진다.

역병의 세상이 점점 친근해지고 아름다움을 느끼는 것은, 지루한 이 기간을 지나는 동안 종교를 뛰어넘고 실존의 일상 철학도 뛰어넘는 새로운 세상을 꿈꾸는, 심연에서 꿈틀대는 비상의 몸부림이다. 아직도 옛 생각에 갇혀서 속박될 수는 없다, 저 언덕 너머에서 머뭇머뭇 아스라한 방황을 거듭하는 나의 존재가 측은해질 때가 있다. 내가 누구인지를 확인해 보고 싶다. 이러한 열망이 추억의 불씨를 키운다.

내가 단순히 보고 느끼는 것들이, 저 너머의 사유들과 공존하기를 꿈꾼다. 더 많은 창조의 세계, 미학의 세계를 향한 자유를 찾고자 고뇌한다. 영역 밖의 세계인 줄 알면서도 포기할 생각이 없다. 세상은 하찮은 일로 치부하던 익숙했던 것들이 노년에 신비로운 모습으로 눈에 어른거린다. 그 영역들을 찾아 뚜벅뚜벅 걸어가는 나의 노년을 사랑한다.

나와 자연과의 사이에 하나님과의 관계, 사람과의 관계가 숨어있을 것이라는 생각의 꽃이 피기 시작하자 사유의 폭을 넓히는 즐거움들이 고뇌의 풍랑을 밀어낸다. 노년의 아름다운 추억들이 낯선 역병들을 넉넉히 이기며 새로운 상승으로 도약한다.

섭씨 35도를 오르내리기를 수삼 일간 지속되는 120년 만의 폭염이 기승을 부렸다. Canada Day가 지나고 토요일 오후부터 강풍과 우박이 몰아치더니 나뭇가지가 부러지고 집들의 외벽들이 손상을 입었다. 우박이 그치고 6시가 지나도록 강풍이 그치질 않아 자주 가게 뒤 문 열어놓고 하늘을 살피는데 15마리 정도의 갈매기 무리가 가게 뒤편을 낮게 날고 있었다. 몇 마리를 제외하고는 대부분이 몸집이 왜소한 어린 것들이었다.

강풍에 밀려서 나는 모습이 애처롭다. 날다가 날개가 뒤집혀 밀리기를 반복하니 전진할 수가 없었다. 그런 광경은 처음 본다. 지난 해몇 달간 매일 저녁 수십 마리씩 무리 지어 순차적으로 이동하는 모습은 장관이었다. 우리 가게 상공은 저녁에 귀소하는 공중 길의 통로다. 통로 길을 벗어나지 않는다. 보우강으로 몰려들어 강 위에서 밤을 지낸다. 간혹 센 바람에 무리 중 일부가 처지면 "꺽꺽" 서로 격려하는 힘으로 날곤 했는데 오늘은 사투를 벌이며 무리가 바짝 붙어서 날아간다. 서로 말을 건넬 기력조차 없나 보다. 중간에 쉬어 갈 수가 없다. 처져서 땅에서 허우적거리면 코요테 등 맹금류의 먹잇감으로 전락하는 것을 알기 때문일 것이다. 리더 두 마리가 앞서거니 뒤서거니 이끈다. 나는 이 리더들을 '어미'라고 부른다. 일찍 돌아갈 수도 있을 텐데 공중에서 강풍을 극복하는 훈련임이 틀림없다. 어미가 공중에서 조약돌을 떨어뜨리면 새끼들은 강하해서 낚아채는 연습을 부리에 피가 나도록 반복 연습을 하는 것도 고된 훈련 중의 하

나이리라

  가을에 접어들어 남쪽으로 돌아갈 때면 어미는 무리들의 몸집을 키우며 근육을 키우는 훈련을 한다. 무리를 이끌며 탄수화물을 공급한다. 상공을 날 때면 기러기나 로빈새처럼 V자로 대오를 형성하는 것이 아니라 자유로이 어울리며 무리 비행을 하나 지상에서는 철저히 어미의 엄격한 통제를 받는다. 나는 자유 정신의 매력에 점점 매료된다.

  캘거리 생태학자들이 전하는 각종 기록물들을 읽는다. 보우강 주변은 먹잇감이 아주 풍부해서 해마다 봄이 오면 수천 마리의 공격적이고 사나운 프랭크린 갈매기들이 칠레와 페루에서 한 철을 지내고 다시 돌아가기를 반복한다. 몇 해 전에는 하이리버 강 외각 프랭크 호수에서 7만 5천쌍의 갈매기가 발견되었다는 보고도 있다. 철저한 철새들이다.

  금년 5월 중순, 그들과 첫 대면을 했다. 공중을 탐색하는 덩치 큰 두 녀석, 수명이 15년 정도 되는 프랭크린 갈매기(Ring-billed Gulls)가 나의 가게 앞 가로등 꼭대기 양쪽에 앉아서 나에게 눈짓을 보내는 것으로 미루어 작년에 그들만의 예약된 자리라는 것을 알 수 있었다. 상가 주차장에는 6개의 양 날개 가로등이 있다. 그들은 배설물로 그들의 자리를 식별하고 다른 녀석의 침범을 용납하지 않는다. 이 지역 터줏대감인 까치 까마귀도 그 자리에는 얼씬도 하지 못한다. 녀석들이 철수하면 그제서야 자리를 차지한다.

  얼른 페페로니, 햄 먹이를 내 발 앞에 내려놓았다. 반갑다고 내려와 경계의 몸짓 없이 청소하듯 죄다 먹고 간다. 구면인 줄 아는 것이다. 매우 짠 음식이지만 그들은 눈물과 함께 배설하는 것을 안 이상 건강에 문제될 것이 없다.

작년 여름 내내 폭우와 강풍을 동반한 회오리바람이 이는 며칠을 제외하고는 매일 정오가 지나면 예닐곱 마리의 한 무리가 상가 외벽 콘크리트에 나란히 앉아 출근하듯 앉아서 기다린다. 나는 가게 문을 크리스마스 하루를 쉬고 364일 열면서 그들의 습성을 파악하는데 익숙해져 있다. 어떤 때는 오후 내내 어미가 다시 날아와 신호를 보낼 때까지 미동도 않고 기다린다.

여름이 다 지나갈 무렵 세 무리로 불어났다. 한 무리는 가게 뒷마당 철조망 넘어 고등학교 벽 꼭대기에, 한 무리는 가게 주차장 가로등에서 대기하다가 가게 뒷마당에 먹이를 주면 신호에 따라 일제히 몰려든다. 삼십여 마리가 한군데 몰려 있으면 주위의 눈총 때문에 먹이를 주지 못한다. 다른 곳에서 필요한 음식을 먹은 무리들은 기다리지 못하고 일몰 무렵 무리별로 어미들이 먼저 데려가기도 한다. 한 무리가 남으면 그때 먹이를 준다.

갈매기의 존재를 작년 여름 팬데믹이 한창 창궐할 때, 옆 가게 중국음식점 주인 Sam에게서 배웠다. 그 녀석들은 감자튀김 등 중국 음식을 좋아한다. 학생들이 점심시간에 먹다 흘린 중국 음식이 있으면 서로 먹으려고 괴성을 지르며 싸움박질이다. 어떤 고지식한 녀석은 멀리 있는 어미가 도착할 때까지 음식을 못 먹게 협박하지만 역부족이다. 다 먹어 치운 녀석들은 얼른 참새가 전깃줄에 나란히 앉은 것처럼 일정한 간격으로 시치미 뚝 떼고 앉아있고 뒤늦게 도착한 어미와 그 녀석만 허탈한 모습으로 잔 찌꺼기를 먹고 있다.

10월 중순쯤부터는 오후 5시가 지나면 14인치 피자 도우 두 판을 구워 잘게 썰어 실컷 먹으라고 마당 뒷면에 종이를 펴놓고 주었다. 정신없이 먹고 있는데 어미가 갑자기 나타나 무리를 이끌고 공중을 날기 시작한다 놀란 새끼들도 엉거주춤 황급히 따라간다.

30분 정도 지나서 다시 돌아와 남은 음식을 죄다 청소하고 간다. 과식을 염려한 어미가 운동을 시킬 수도 있고, 철새들은 몸의 체중 때문에 금방 새똥으로 배설하는 습관이 있어서 마당과 몰을 더럽힐까 멀리서 배설시킨 다음 다시 데려올 수도 있을 것이다. 어미에게는 그런 지혜쯤이야 넉넉하다고 믿는다. 상가 쇼핑몰이 오물로 더러워지면 수난을 당할 것을 알고 있을 테니까.

그런데 신기한 것은 중국집 뒷마당에 절반 가공한 중국 음식을 말려 놓은 것은 손도 대지 않는다, Sam이 주는 음식만 받아먹는다. 손대면 그 몰에서 당장 쫓겨난다는 것을 어미로부터 철저히 교육받았을 것이다.

작년 10월 하순 내내 머물던 두 무리마저 떠나고 한 무리만 남아서 담벼락 위에서 기다린다. 나는 돌아갈 때까지 잘 먹여야 살 수 있다는 소신을 굽히지 않고 매일 피자 도우 한 판을 공급하며 가게 이웃에게 설명했다. 그들도 감동했는지, 아니면 27년을 같이 일하는 정을 생각했는지, 시청에 신고하지 않았다. 어쩌다 가게 일이 바빠서 주지 못하면 맥없는 모습으로 날아가는 모습을 보면 때늦은 후회를 한다.

11월 초순 진눈깨비가 펄펄 날리고 바람이 심한 날 땅거미가 지기 시작했다. 눈을 맞으며 아직도 그 자리에 일렬로 앉아 오들오들 떨고 있었다. 나는 화가 나서 고함을 질렀다. "얘, 아직까지 남아 있어. 어서 남쪽으로 돌아가라고."라고 고함을 쳤다. 내일도 또 올 것 같은 생각이 들어서다. 그 많은 갈매기 생태 보고서를 읽어도 캘거리에서는 10월이면 다 떠난다. 그다음 날부터 갈매기가 보이지 않는다. 마지막 인사를 한 것이다. 주는 먹이로 충전을 하고 먼 길을 가려고 기다린 것이다.

"공중의 새를 보라. 심지도 않고 거두지도 않고 창고에 모아들이지도 아니하되 너희 천부께서 기르시나니…."

나는 아픈 가슴을 죄며 마음으로 통곡했다.

"주님의 말씀이 틀렸습니다. 힘이 없어 기진맥진한 채로 낙오돼 죽었을 것입니다. 주님께서 저처럼 40년만 더 살아도 그런 말씀을 않으셨을 것입니다. 그들은 먹이를 구하기 위해 한순간도 편하게 쉬지도 않고 일을 합니다. 졸지 않고 그 먼 길을 오가며 삶을 위해 전력투구합니다. 철새의 삶은 투쟁으로 점철되어 있습니다."

어제 7월 5일 갈매기 한 마리가 비가 촉촉이 내리는 데도 몇 시간을 꼼짝없이 앉아있다가 돌아갔다. 정탐하러 온 것이다. 나는 철저히 외면했다. 금년에는 시청에서 일부 코요테가 광기를 부려 사살하기로 결정한 후로 우리 집 뒷마당 철조망 넘어 어른거리며 친근하던 코요테의 인상도 험해졌고 야생 동물에 먹이를 주면 주민들의 신고도 늘어날 것이 두렵기 때문이다.

## 어린 갈매기의 비행훈련

지난 6월 셋째 주 일요일 오후, 글렌모어 랜딩 저수지 길을 걷고 있었습니다. 30여 분 남짓 소요되는 짧은 길, 우측의 올레길입니다. 혹한의 추위나 무더위, 신년 공휴일도 아랑곳하지 않고 항상 같은 길, 거리를 걷습니다. 노년의 역주행을 결심한 후 매일 걷기 운동을 시작한 지 일 년이 넘었습니다. 노년 결심은 항시 죽음을 향해 가는 여정의 일환이어서 취침, 식사하는 일상의 일들과 동일선상의 지평선을 향해 함께 움직이는 하루의 일과입니다. 매일 똑같은 반복의 일상에서 차이를 보여주는 주위의 세밀한 풍광이 조금도 지루하지 않아 눈물겹도록 정겹습니다. 나는 지인들에게 걸을 때는 혼자서 빠른 걸음으로 같은 길을 반복해서 걷고, 독서를 습관화하는 사유의 생활을 하라고 권합니다.

호수 건너 저 멀리 로키산맥의 자태는 언제나 근엄하고 위풍당당합니다. 행진곡의 울릴 때마다 주위의 인적이 드문 틈을 이용해 재빨리 고개를 돌리고 거수경례를 한 채로 걷는 것이 습관이 되었습니다.

지난주 밤 10시 무렵, 집으로 향하다가 원주민 동네 수타나 지점 코스코 윗길에 다다랐습니다. 로키산맥 저녁노을이 밤의 모색과 맞교대하는 엄숙하고도 휘황창연한 교대식이 있었습니다. 고이 잠드는 정적의 여백에

파스퇴르 검은색이 물들이고 있었습니다.

　차에서 내려 풍경에 취한 채 거수경례했습니다. 별세하신 가족들과 지인들, 모처럼의 여유로운 만남을 가졌습니다. 지금 생각하면 거짓과 꼼수가 없는 선한 삶으로 점철된 삶의 영광을 누리셨습니다. 존경이 절로 우러나오는 회억의 순간이었습니다.

　둑길을 걷다가 거수경례하는 순간, 찬란한 영광의 순간이 떠오르며, 저수지 위로 얕게 날고 있는 갈매기들을 처음 보여주었습니다. 핸드폰 행진곡을 잠시 끄고 둑 샛길로 내려가 관찰했습니다.

　캘거리에서 가장 흔한 고리부리 갈매기(Ring-Billed GU) 철새들입니다. 성체 4마리와 새끼 20여 마리의 훈련 광경입니다. 처음 목격하는 광경입니다. 왜소한 체구의 갈색 점박이 새끼들입니다. 어린 새들은 두어 달이 지나면 흰색 날개로 변합니다. 훈련장 주위에는 가끔 보이던 청둥오리, 까마귀들도 자취를 감추었습니다. 공중에서 급강하하기, 떼를 지어 한 무리를 이루며 날아가기 등, 다양한 훈련을 반복했습니다.

　철저히 자기 구역들이 있어서 7월이 되면 한 무리는 나의 가게 상가몰로 돌아올 것입니다. 상가로 돌아오면 예절 지키는 방법, 삶을 견디어 내는 방법 들을 어미들이 혹독하게 지도합니다. 다음 기회에 여러 차례 반복해서 이야기하겠습니다.

　일주일 내내 맹훈련 중입니다. 지난 주간 훈련 때는 며칠 동안 바람이 심했습니다. 강풍에 새끼들은 아직 날개 근육이 약합니다. 거의 뒤집힐 **뻔**한 자세로 강풍에 맞서는 훈련을 하고 있었습니다.

　이번 주 일요일 한인 장로교회 노인회(에녹회) 80명분 피자 배달을 끝내고 바로 돌아와 관찰했습니다. 폭풍우가 금방 몰아칠 것 같은 먹구름이 북서쪽 하늘에서 강풍과 함께 몰려오는데 공중에서 어미와 새끼 두 마리가 하강하고 있었습니다.

"캘거리 조나단이다."

나도 모르게 탄성으로 중얼거렸습니다. 개인 지도를 받는 중입니다. 다른 갈매기들은 모두 다 철수했습니다. 관찰을 끝내고 헤리티지 정문을 돌아서 황급히 맥도널드 카페에 도착하니 폭우가 쏟아졌습니다.

갈매기에 대한 책과 동영상, 캘거리 조류협회 논문들 그리고 그간의 경험과 체험들이 예지와 추측의 능력을 성장시키고 있습니다. 그것은 환희의 기쁨이고 성스러운 삶의 과정입니다.

전에 읽었던 e-book 헤겔의 『정신 현상학』 해설집을 다시 읽었습니다. 내용이 난해한 책이지만 노년의 경륜으로 읽으면 즐거운 기분으로 이해하며 읽을 수 있습니다. 몇 주 전 뒤뜰 정원의 장미밭을 다시 일구며 읽었던 책이라 형형색색 색연필로 밑줄 그은 흔적이 깨알 같습니다. 헤겔은 중간중간에 장미꽃을 예로 들며 변증법을 논리적 사고로 전개하고 있습니다.

갈매기의 현상을 통해서 헤겔의 정반합(正反合)이론을 다시 공부하고 있습니다. 인간의 감각적 정신은 애초에 은폐되어 있지만 현상 의식을 통해 자기의식화되면 정반합의 고뇌스러운 과정을 거치며 절대지(絶對知, 神)의 단계에 이른다고 합니다. 절대지에 도달하기 위해서는 7단계의 과정, 즉 감각, 지각, 오성, 자기의식, 이성, 객관정신, 절대지를 거치며 참다운 삶의 경지에 이른다고 합니다.

인생의 삶이란 감각의 인식에서 출발하여 지식과 경험을 통해서 다시 깨닫고 고치고 도전하는 과정을 거치며 비로소 성숙한 노년에 이른다는 이론일 것입니다. 어린 갈매기의 훈련, 장미꽃 가꾸기를 통해서 변증법적인 정반합 철학적 사유로 노년의 삶을 다시 공부하고 있습니다.

# 갈매기의 분노

지금 생각해 보면 이민 생활은 처음에 누구를 만나서 어떤 생활을 익히느냐 하는 것이 매우 중요한 것 같다. 시작이 절반, 주위 환경이 중요하다는 뜻이다. 몇 번의 솔깃한 다른 지방으로의 이주 유혹도 있었으나 자연의 경관이 넘쳐나는 로키산맥 주위를 떠날 수 없다. 그럼에도 문화가 다르고 한인 각자 개성이 뚜렷하고, 하물며 개신교라도 교리 해석이 다른 복잡한 교회에 예속되어 같이 생활한다는 것이 때로는 매우 곤혹스러울 때가 있다.

이럴 때 고등학교 아들이 다니던 미술학원의 윤병운 화백을 만났다. 지금도 두 내외분이 정정하게 생존해 계시는데 부부가 같이 유명 미술대학을 졸업하고 국선에 입선한 화백의 명성과는 걸맞지 않게 검소하고 겸양을 구비하신 분이시다. 그분이 들려주시던 이민 ,생활의 충고의 몇 마디가 사반세기 이민 생활을 이어오는 동안 소중한 좌우명이 되었다.

"사업에 전력투구하되 혼자 즐기며 지내는 나만의 방법을 찾아야 합니다."

자연과의 삶에 익숙해지고 사업에 전념하는 동안 모친이 별세하자 장남인 나는 우울증으로 며칠간 입원을 하기도 하며 오랜 시간동안 고생을 했다. 그동안 사랑하는 동생들, 금년에는 매형마저 세상을 떠나자 다시 한동안 우울증이 찾아왔다. 이럴 때면 어김없이 친숙한 자연이 나를 치유해 주곤 한다.

로키산맥 서산에 걸린 구름 조각들이, 뒤란의 10여 년 넘은 30여 그루 장미꽃 철쭉 영산홍과 체리, 블루베리 나무들이 반긴다. 고락을 같이한 나를 위로하며 속삭인다. 몇 번만 어루만지며 가치를 쳐 주기만 해도 신기할 정도로 마음이 평온하며 스르르 치유해 간다.

그중에서도 공중 나는 새들은 나의 더욱 친근한 벗이자 생활의 예지를 밝혀주는 등불과도 같은 존재들이다. 텃새인 까치는 언제나 바라만 보아도 사랑스럽다. 까치에 관한 한 넘치는 경험의 사건들로 내 주위에 가득 차다. 로빈새와의 추억에 얽힌 스토리는 풀어 놓아도 끝이 없을 것이다. 사반세기를 이어오는 동안 몇 번이나 이사해도 늘 내 집에 둥지를 틀고 같이 지낸다. 그 정겨운 사건들은 회상만 해도 눈물이 글썽인다.

기쁨과 슬픔의 눈물보다도 때때로 정겨워 흐르는 눈물의 횟수들이 늘어간다. 그런 노년의 생활을 사랑한다. 메마른 땅의 들풀 속에서 작고 예쁜 꽃이 피듯 고독 속에서 정겨운 꽃들이 피어난다, 반복되는 자연의 현상들, 친근함 들 속에서 심층의 꽃들이 철학, 인문학의 향기를 풍겨낸다. 존재의 정겨움을 넘어 저 너머 사유의 의미를 찾아내는 신비로움 - 그것들로 인한 정겨움의 틈새로 번민이 함께할 때가 있다.

4년 전, 윤병옥 합기도 관장이 작은 새집을 직접 정성 들여 만들어 보냈다. 페인트칠을 한 후 십자가와 캐나다 작은 깃발을 새집 입구에 붙이고 아주 작은 구멍을 뚫어서 선물했다.

한 해가 지나도 참새는커녕 덩그러니 걸린 빈집 모습이 애처롭기만 했다.

"참새도 못 들어가는 작은 구멍에 누가 들어올까."

야생 새 기르기에 관한 한 나보다 한 수 위인 정각 관장의 선물이어서 입 꾹 다물고 한 해를 더 기다렸다. 이듬해 참새보다 적은 딱새가 입주했다. 로빈새 참새와 자주 싸우더니 이제는 사이좋게 지낸다. 딱새의 치밀한 주의력은 놀랍다. 쩌렁쩌렁한 노랫소리는 어디에서 나오는 것일까? 세상은 진리를 넘어 신화의 상상 속에서 아름다움을 창조할 때 훨씬 더 미학적일 때가 있다, 때로는 진리보다도 신화의 이야기들이 더 감동적이고 사실일 때가 있다. 새들의 예지력은 마치 전설의 신화처럼 내 눈에 선하다

2020년 여름, 포플러 나무의 속삭임, 앞마당에 흐르는 잔잔한 낙수 소리, 폭설의 함성들을 타고 들려오는 저 너머 소리에 익숙해 간다. 나약한 자신에 초라하게 머뭇거릴 무렵, COVID-19 팬데믹 덕분에 참새와 갈매기를 가까이에서 관찰하며 친근하게 지내는 행운을 얻었다. 역병의 지루한 세상을 지나는 동안 새들의 많은 정보를 공유하고 전문 서적을 몇 권 구입해서 읽었다. 상공에 갈매기가 비상하는 늘씬한 모습을 볼 때마다 먼 옛날 지각 변동이 일어나기 전 캘거리가 바다였던 시절부터 잔존하며 대를 이어왔을 거라는 제법 유식한 척 판단을 하곤 무심히 지나쳤다.

어느 무더운 여름날, 옆 가게 중국 레스토랑 주인 샘이 뒷마당에서 갈매기에게 튀긴 음식 부스러기들을 뿌려주는 광경을 보게 되었다. 상가에는 음식점이 절반을 넘고 뒷마당 철조망 하나로 고등학교가 있고 그 광활한 원주민 마을 개발로 생활이 여유로워진 술 취한 원주민들이, 쇼핑객들이 흘리고 버리는 음식 찌꺼기들이 풍부해서 갈매기들이 머물곤 하는데도

25년 이상을 참새 대하듯 관심 없이 지냈다.

매일 일정한 시간에 뒷마당에 모여드는 한 무리 10여 마리들의 갈매기들의 모습이 범상치 않음을 안 것은 보름이 지난 뒤였다. 갈매기는 정부에서 해로운 조류로 분류한 새가 아닌가. 먹이 주는 것을 금지한다. 그럼에도 피자 배달을 갈 때마다 차에 실어 놓은 땅콩 비스킷을 몰래 차창 너머로 흩뿌려 주었다.

갈매기들의 천진난만하고 예의 바르되 용의주도한 모습, 자유분방하게 하늘을 날지만, 규율이 엄격한 생활에 매료되기 시작했다. 배달에서 돌아와 몰 입구 마당에 들어서면 첨병은 나의 차를 알아본다. 높이 날아오르며 에스코트하듯 먼저 나의 주차 공간으로 내려온다. 고등학교 지붕에 일렬로 앉아있던 한 무리, 가로등 꼭대기 갓 등에 앉아있던 한 무리, 우리 집 뒷마당 벽 위에서 몇 시간이 동안 꼼짝하지 않고 기다리던 무리 등 30여 마리가 일제히 날아든다. 다른 갈매기 무리가 끼어들거나 까치 까마귀가 끼어들면 리더들의 공격에 허겁지겁 도망간다. 그들은 한 가족들이리라.

감당할 수가 없어 매일 저녁 피자 세 판을 구운 뒤 잘게 썰어 종이를 깔고 공급했다. 내 발 밑동까지 날아들며 친근감은 더해 간다. 8시가 넘으면 음식을 먹는 둥 마는 둥 허겁지겁 무리를 지어 보우강변 보금자리로 날아간다. 9월이 지나도록 갈매기가 떠나가지 않는다. 언짢은 모습으로 이웃들이 나를 쳐다보는 것 같다. 그럴 때면 "잘 먹여야 고향인 페루 칠레로 무사히 돌아간다니까."라고 말해준다.

그러기를 석 달이 지나고 작년 11월 첫 주가 다 지나도록 귀향할 생각을 않는다. 보우강변의 모든 갈매기들은 10월 이미 캘거리를 떠났는 데도 말이다. 주말은 진눈깨비가 내리고 바람이 거세다. 저녁 어둠이 깔리기 시작했다. 10여 마리의 갈매기가 미동도 않는다. 나는 정을 떼느라 음식도 주질 않았다. 빨리 떠나라고 고함을 쳤다. 그들은 굶주린 채 하늘을 날았다. 그리고 그 이튿날부터 금년 봄까지 볼 수가 없었다.

나는 겨우내 가슴앓이로 우울하게 지냈다. 인간이 어떻게 그렇게 몰인정할 수가 있나? 살아서 돌아올까? 만나면 어떻게 변명하고 대해야 할까? 자책의 번민으로 한 철을 보냈다. 마음을 추스르느라 안톤 체호프의 희곡 연극 『갈매기』를 영상으로 보기도 하고 리차드 바크의 소설 『갈매기의 꿈』도 정독하며 마음을 달랬으나 큰 위로가 되지를 못했다.

6월 집에서 5분 거리의 COSTCO 주차장에서 두 마리의 성체 갈매기가 공중을 선회하고 있었다. 나는 반가워서 한 창을 따라가며 쳐다보는데 나의 발치 앞에 내려앉는 것이 아닌가. 나를 알아보는 것이리라.

7월이 접어들자 대여섯 마리의 갈매기가 뒷마당에 나타났다. 여차하면 올해 태어난 새끼 점박이들을 몰고 올 참이다. 나는 마음을 굳게 잡고 갈매기들이, 우리 모두가 정을 버릴 때까지 먹이 주는 것을 중단했다. 코요테가 마을을 침범해서 사람을 해치는 사건도 있고 해로운 야생동물 먹이 주는 것을 금지하는 캠페인이 늘어가기 때문이다.

지난주에는 가게 뒷마당에서 한 마리의 갈매기가 나의 머리를 빙빙 돌며 괴성을 지르더니 어제 7월 13일에는 네 마리가 내가 나타날 때마다 번갈아 주위를 날며 시위를 한다. 잘 어울리던 까치, 까마귀가 일제히 사라졌다. 분위기가 삭막하다. 갈매기가 배고픔에 분노하면 펭귄도 잡아먹는다는 사실도 아는 터, 분노하면 온순하고 예의 바르던 갈매기가 포악해질 것이다. 그리고 그동안 입도 대지 않았던 중국집 집 마당에 햇볕에 말려

놓은 음식을 마구 훔쳐먹을 수밖에 없을 것이다. 담벼락에 배설물로 덧칠을 해 보복할 것이다.

　금년 여름을 독한 마음으로 참고 견뎌야만 한다. Be (영화 "갈매기의 꿈" OST) - Neil Diamond의 노래를 들으며 마음을 달래보나 연신 흐르는 눈물을 참아낼 수가 없다.

# 봄의 전주곡

### - 김미현(케서린) 피아노 듀엣 연주회

 빅토리아 데이 연휴가 겹친 토요일 오후, 모두가 빠져나간 듯 캘거리 시내가 한적하다. 봄비가 부슬부슬 내리고 있다. 모처럼의 봄비다운 봄비, 얼마 만인가? 일정에 쫓겨 이곳저곳 돌아다니느라 아침도 거르고 허겁지겁 돌다 기진맥진이다. 오늘 마지막 일정인 오후 2시, 피아니스트 김미현 교수의 〈봄의 전주곡; Prelude to Spring〉 피아노 듀엣 연주회가 열리는, 마운트로얄대학교 콘서버토리 구내의 Trans Alta Pavilion Hall로 향한다. 아직 시간이 넉넉하다.

 봄비를 맞고 싶다. 한 맺힌 여인의 눈물을 맞고 싶다. 로키산맥 동쪽에서 실컷 울어 눈물이 메마른 아낙네들이 캘거리로 넘어올 즈음이면, 지쳐서 더 울 기력이 없는 여인들이 찔끔 뿌리고 가곤 하더니, 오늘은 무엇이 이들을 서럽게 만들었는지 부슬비가 줄기차게 내린다. 주차장에서 걸어서 10여 분 거리를 봄비를 맞으며 걷는다. 여유롭다, 빠르게 걷다가, 때로는 두리번거리며 느린 걸음으로 걷다가는 또 빠른 걸음으로 걷는다.

 기이하다. 어느새 춤추듯 걷고 있는 것이다. 익숙한 일본 영화 노다메 칸타빌레의 OST 배경음악을 연상하며 알레그로에서 안단테로 다시 알레그로 리듬으로, 얼굴에 내려앉는 물방울은 또르르 피아노 건반 소리, 아스팔트 위의 고인 물 위로 떨어지는 빗방울이 피아노 건반 위의 4손 손가락이 빠르게 움직이는 것 같다. 피곤이 싹 가시며 발걸음이 가벼워진다. 봄을 알리는 듯 귀에 익숙한 피아노 전주곡들이 귓전을 울린다. 여인들이여 실컷 우소서, 펑펑 눈물을 이고 가리다. 그대의 눈물을 열정으로 데워 희망을 뿜어 내리다.

며칠 전부터, 오늘 연주할 피아노 듀오 파트너 린 뉴엔(Linh Nguyen) 교수의 모습을 떠올리며 '두 대를 위한 소나타(모차르트)', '판타지(슈베르트)'를 동영상과 해설을 반복해서 들은 탓이리라.

나는 김미현의 피아노 연주를 좋아한다. 그동안 다섯 번의 연주회에 참석했다. 'Fate', 'An Evening of Chamber Music', 'Prelude to Spring' 등 연주 제목들이 주로 철학적이고 사유적인 내용을 품은 자선공연 콘서트를 좋아한다.

그중에서도 피아노 듀엣 연주를 좋아한다. 홀로 고독 속에서 힘겹게 연주하는 것 같은 안타까운 느낌으로 감상하는 것보다는, 다른 사람과 음악적 교감을 나누는, 서로 음악을 함께 만들어 나가는 과정 속에서 배려하며 재창조의 활력을 유발하는 연주를 좋아한다. 아주 긴밀한 신뢰 관계가 없으면, 연주에 몰입할 수 없는 순간들이 시종일관 몰려오며 긴장감을 더하게 한다. 그것이 듀오의 연주가 지닌 독특한 매력일 것이다.

누가 연주회가 지루하다고 했는가. 어림잡아 2,000스퀘어 피트 정도 되는 소극장, 나는 피아노 옆 한 키 남짓 거리에 바짝 붙어서 150여 명의 청중이 참석한 맨 앞자리에 자리 잡았다. 서로 호흡을 맞추느라 파트너 린 유엔의 샐룩거리는 입술과 눈망울을 깜박거리며 서로를 신뢰하는 표정들을 관찰하며 연주곡에 푹 빠진다. 어느새 1시간 30여 분이 빠르게 지나간다.

　신기하다. 나는 몇 년 전, 캘거리 잭싱어 콘서트홀에서 캘거리 필하모닉 오케스트라, 필하모닉 합창단과 베토벤 교향곡 9번 공연에 한인합창단원으로 합창단에 합류했다. 합창 순서를 기다리는 것이 지루해서 깜박 조는가 하면, MRI 자가공명 뇌촬영을 할 때는 그 요란한 굉음 속에서도 누운 채로 코를 골며 졸고 있었다. 옆에 있던 동료나 촬영 기사들이 혀를 내두르며 이런 모습을 것을 처음 본다고 했다. 시간 쪼개며 바삐 움직이는 이민 생활, 지루한 순간에는 틈만 나면 꾸벅꾸벅 졸곤 한다. 그런데 오늘은 점점 정신이 맑아진다. 가게 일이 끝난 오후 늦은 밤, 아직도 생생하다. 오늘 같은 밤 창공의 별들이 총총하게 빛났더라면, 나는 다시 가게의 뒷마당으로 돌아가 피아노 소나타 CD를 틀어 놓고 하얀 막걸리 사발에 백포도주를 따라붙고는 별들을 가득 담아 홍건하게 마시며 취했으리라.

　캐서린 김의 피아노 듀엣 파트너 린 뉴엔 교수와는 지난 해 10월 공연에서 이미 호흡을 맞춘 경험이 있어 오늘 그 절정의 순간순간을 감상하는 행운의 기회가 온 것이다.

　〈모차르트 : 두 대의 피아노를 위한 소나타 K.448〉

　나는 이 곡에 익숙하다. 그의 여자 제자 아우어른 하머와 듀오 연주를 위해 작곡한 곡이고, 어린아이가 들으면 머리가 좋아진다고 하여, 한때 '모차르트 효과'라고 소개되었다. 노다메 칸타빌레라는 만화와 드라마로 더욱 유명한 곡이다. 2악장을 틀어 놓고 눈을 감고 있으면 신기할 정도로 머리가 맑아지며 피로가 가시는 체험을 한다.

　오늘 피아노 바로 옆에서 두 연주자의 얼굴에 시선을 맞추며 감상하는 즐거움을 무엇에 비유할까? 지금 꿈속에서 들려오는 모습들을 그린다.

〈슈베르트 : 4손을 위한 판타지 D940〉

피아노 한 대로 4손이 바쁘게 움직인다. 서로 어깨를 밀착한 채 연주하는 두 교수의 모습이 이렇게 다정하고 아름다울 수 있을까? 얼굴을 일그러뜨리는가 하면 이내 환한 모습으로, 때로는 어깨를 밀착한 채, 물결이인다. 완벽한 호흡으로 연주가 끝났을 때는 우뢰와 같은 박수가 그칠 줄모른다. 완벽한 호흡을 이뤄낸다. 선남선녀의 아름다운 자태란 이런 것일것이다. 인생은 모름지기 예술에 몰두하며 서로를 배려할 때 감추어 두었던 아름다운 모습이 발현되는 것, 나는 몇 년 전 한국 드라마 '밀회'를 보면서 배경음악으로 무수히 들었던 친숙한 곡이 오늘 연주자에 의해서 재현되는 행운을 얻고 있는 것이다.

쉬는 시간 없이 연주는 계속 이어간다.

〈구아스타비노 ; 세 개의 로맨스〉 〈루토슬라비스키 ; 파가니니 변주곡〉

마치 낙엽이 또르르 구르는 표현 같기도 하고 겨울을 이겨낸 민들레가꽃을 피우며 소슬 소슬바람에 춤추듯 약동을 하는 것 같기도 한, 아르헨티나의 정열적인 음악에서 벗어나 잔잔히 흐르는 영화 음악을 감상하는듯하다. 파가니니 변주곡도 20세기 현대 음악이지만 별 부담 없이 긴장을늦추지 않고 끝까지 감상했다. 앙코르곡으로 〈슈베르트 : 군대 행진곡〉이끝나자 청중의 박수 소리가 그칠 줄 모른다.

나는 김미현의 연주를 접한 이후, 지금 클래식 듀오 피아노 연주에 깊은 흥미를 가지고 공부하고 있다. 김미현 교수(B. Mus, M. Mus, D.M.A, Piano Faculty, Mount Royal University Conservatory)는 캘거리에서 고등학교 재학 시절부터 줄곧 피아노 연주자, 교육자로서 한 길의 목표를 세우고 정진했다. 언제인가 주일 날 아침, 교회 학생 예배 시간에 늦을세라 운전해준 기억이 있다.

"나의 꿈은 음대 교수로서 훌륭한 교수가 되는 것이에요."

미네소타 주립대학 피아노 박사과정을 전액 장학금으로 공부한 수재다. 감당하기 힘들 정도의 고통을 극복하고 외길을 달려왔다. 그리고 미국에서 좋은 조건의 직장들을 마다하고 당당히 캘거리의 가족 곁으로 돌아왔다. 캘거리 음악 교단의 젊은 주류로서 선두를 지키고 있다.

그게 쉬운 길인가? 나는 김미현의 깊은 철학적 사유가 베인 연주를 듣는다. 어느덧 그의 연주에 점점 함몰되어 가고 있는 것이다. 수많은 제자를 육성하고 가족과 함께 지내는 즐거움을 만끽하고 있는 그를 곁에서 보고 있는 것만으로도 인생이 즐겁고 행복하다.

# 고전과 함께 노년을

 낯선 전염병의 두려움에 시달리다 어두움이 짙어지면 늙음의 두려운 시간들이 시작된다. 쇠약의 언어들이 부활하고 늙은 관절의 주책없는 칼질이 시작된다. 통증의 나팔은 괴성의 신음 소리, 혈관마저 늙어가는 소리, 우울한 것들로 가득 찬 지친 밤의 연주회는 이렇게 시작된다. 서글픈 밤이다. 이민 삶의 훈장들이다.
 오늘따라 보름달마저도 뿌연 빛으로 촉촉하게 달무리 인다. 애처로운 모습이다. 바람결에 수런거리는 가을밤의 소리들과 낮의 이야기들이 범벅이 된다.
 낮과 밤의 이야기는 다르다. 밤의 한숨 소리는 낮의 성스러운 생각들과 융합하며 지평선으로 끌고 가는 밤의 슬픈 애가는 막이 오른다. 그래도 깊어 가는 어두움은 눌린 사람들의 눈을 감기며 영혼을 달래 준다. 곤한 안식의 밤이지만 달콤할 것이다. 나는 아직까지도 도대체 무슨 생각에 골몰하는지 몽롱한 순간이다.
 현존재의 두려운 순간들이 울타리의 띠처럼 몸을 감는다. 나는 요즈음 하이데거의 존재를 넘어 비존재의 〈거기〉의 대목 해설을 몇 번이고 반복해서 읽는다. 슬픈 달무리 모습처럼.

가게를 출발해서 10분이면 링 로드 고속도로를 벗어나고 에버그린 블루버드 다리 위에 이른다. 왼쪽으로 틀면 3분이면 집에 도착할 것을. 오른쪽 언덕으로 차를 돌렸다. 아주 오래간만의 밤의 용기가 나를 깨우고 있다.

코로나 역병의 두려움보다 더 심각한 것들을 덕지덕지 머리에 인 채로 덜컹거리는 자갈길 비포장 원주민 도로를 따라 유유자적 달빛 따라가는데 낙타의 별이 멈춘다. 지평선 유채밭이 달빛에 환히 어린다. 나의 지평선은 선명하게 보이는데 유채밭은 언제나 아득한 지평선, 끝이 없다.

추수의 환희는 어디에 숨었는가? 물결 타는 곱고 맑은 무도회 노란 여인들이 간데없다. 시름시름 앓고 있는 중이다. 유채밭은 저주를 받고 있다. 여름 내내 산불 연기의 늪에서 허우적거리느라 성한 곳이 없다. 누룩칙칙한 자태, 말라 찢어진 풍광들, 변방 아프가니스탄 여인의 입술 터진 핏자국처럼 초췌한 모습이다. 매연은 풀잎의 밤이슬마저 낚아채는 매정한 진드기 같다. 산등성이 유채밭도, 아프칸 여인들도, 나도 동병상련 중이다.

어느새 맑게 갠 창공에 별똥은 길게 난을 친다. 로키산맥 상공 위를 나르는 밤의 제트기류는 여전히 빠르게 구름과 매연을 걷어낸다. 달은 쟁반처럼 밝게 빛나고 별들은 영롱하다. 세상은 갈수록 시큰거리는데 우주의 창조 이야기는 아직도 진행 중이다. 길섶에 우뚝 선 노목마저도 힘에 겨운 듯 우수수 떠는 밤, 차의 버튼들을 누른다. 스르르 지붕을 밀어내며 하늘이 열린다. 의자는 미끄러지듯 침대를 뚝딱 만든다.

여인의 핸드백 같은 작은 가방에서 크롬북을 펼친다. 지난 번 읽다 덮은 세네카가 루킬리우스에게 보내는 첫 번째 편지, 시간의 선용에 관한 글이 창에 바로 뜬다. 첨단 문명의 이기에 포위된 존재의 시간 안에서 생성과 소멸의 순간이 멈춘다. 고요한 고독의 밤이 찾아온다.

하루를 사는 것이 아니라 조금씩 죽어 가는 것, 어제는 내가 산 날이 아니라 죽음이 소유한 시간을 통과해서 간신히 빠져나온 것, 그러나 침묵의 이 순간의 소중한 시간을 성스럽게 통과한다. 세네카를 만나며 속삭인다. 세네카는 나의 무거운 머리와 관절을 깨끗이 치유하고 있다. 내면을 청소하고 마음의 근육을 붙여준다.

구입한 전자책 500여 권 중에 요즈음은 스토아 학자들의 책을 반복해서 읽는다. 예수 이전의 세계에서 치열한 삶을 살았던 아리스토텔레스를 만나고 에피크로스의 호케포스 정원에서 죽음의 강의를 듣는다.

대가들을 만난 후, 예수를 다시 만나면 참사랑의 의미와 관용의 깊은 뜻을 다시 한번 깨닫게 된다. 거기에는 한 시대의 지평선을 함께 걸어간 흔적들이 오롯하게 녹아있기 문이다. 고전은 늘 우리에게 사랑과 관용의 이야기로 끝을 맺는다.

고전을 읽는 순간은 은밀하게 나를 출애굽시키는 시간 나의 창문을 열고 새로운 것을 만나는 순간이다. 고전을 읽는다는 것은 공부하는 것이 아니라 인생을 배우는 것, 이 순간 고대 로마의 별들은 지금 창공의 별들과 어울리며 새로운 언어들을 창조하고 있다. 그 언어에 화답하는 이 순간, 나의 삶은 풍부하고 성스럽게 훈련된다. 맑게 치유된다. 선한 마음을 활짝 피우는 밤 나팔꽃처럼, 두려움을 넘어서며 공허한 결핍이 메워진다. 죽음이 두렵지 않고 친근하다.

소르르 깊은 잠에 빠져든다. 아내가 깨우는 전화벨 소리에 놀라 일상의 존재 세계로 돌아간다. 잠자리에 들기 전 지난달 캘거리한인회에서 제작해준 사진작가의 나의 영정사진을 자랑스럽게 쓰다듬는다.

치과위생사인 며느리와 함께 치과 치료를 끝내고 돌아오는 날, 차 중에서 "언제 죽어도 두렵지 않아, 내일 죽어도 나는 기쁨으로 맞을 준비가 되어있어" 평소에 이상한 말을 하면 펄펄 뛰던 며느리가 잠잠하다. 서점가게 딸인 며느리가 간신히 말을 건넨다.

"아버님 하이데거의 책들은 너무 어려우니 노년에는 대충 읽어주세요."

추석을 일주일 남겨둔 월요일 밤, 코비드 기간 동안에는 언제나 전화로 비대면 진료받고 이메일로 검사 의뢰용지, 처방을 받곤해서 며느리가 끼어들 틈이 없었는데, 우편물로 우송된 피검사의뢰서에는 검사항목이 빼곡하다. 그리고 내일 예약시간에는 며느리가 굳이 함께 동행하겠다고 한다. 나도 모르게 예약이 되어있고 전례 없는 검사의뢰서를 받았다. 며느리의 재주가 신통하다. 나의 죽음 준비에 관한 이야기에 많이 놀란 모양이다.

# 열정

The 1st Korean Culture Festival : 한인아트클럽 문화제

이민 생활이란 '낯선 길을 부단히 찾아 나서는 기나긴 행군'이라는 생각이 문득문득 들 때가 있다. 낯선 행군 길의 묘미는 함께 아우러지며 체득한 힘으로 새로운 것을 발견하고 창조하는 데 있다.

요즈음 새로 이주하는 일부 교민들은 낯설음을 애써 외면하려고 해 무척 안타깝다. 스스로의 풍요로움에 도취되어 별 수고 없이 안일한 집단에 쉽게 소속되어 교민사회 참여를 애써 외면하고 좁은 울타리 사회 속으로 스스로를 묶어두려고 한다. 이런 조직에서 몇 년 동안 여생을 정신없이 보내는 것은 편안함의 안주를 갈망하기 때문이리라. 그럼에도 얼마 동안의 시간이 지나면, 고통과 고난의 시련들을 만나게 된다.

치열한 자기 몸부림으로 자신을 추스르면서 내면의 미세한 음성들이 들려오는 놀라운 체험을 하게 된다. 그 사이를 헤집고 자기도 미처 발견하지 못했던 새로운 세상 ― 예술 세계가 움트면서, 다시 한번 자기운명을 사랑하게 되고, 그제야 비로소 낯선 것과의 모험이 시작된다. 행복의 본질을 찾아가는 것이다. 취미로 혹은 전혀 생소한 것들의 초보적인 관심에서 시작했다가 점점 열기를 더하면 고달프고 힘든 정다움과의 씨름으로

열정의 문턱에 들어서기 시작한다.

열정! 예술을 향한 열정의 이야기다. 그러나 그 열정은 취미로 시작하는 낯익은 길이지만 갈수록 낯설고 험난한 길을 만난다. 열정을 통한 부단한 자기희생을 통해서 비로소 밝고 건강한 이민 인생을 시작하는 첫걸음에 이르면 그 희열은 이루 표현할 수가 없다.

중도에 예술의 순수성을 망각하고 자기과시로 빠져들면 헤식게 되어 자신이 수치스럽도록 무기력해질 때도 있다. 그런 경우 자기 신세 한탄을 하거나, 남 탓으로 돌리는 치졸한 경우도 있지만, 삶의 진정한 자세로 예술 세계에 함몰되면 정신이 맑아지고 문학과 음악, 미술과 무용의 얽힘을 통해서 서로의 마음을 데우면 봉사와 사랑의 힘이 솟구친다.

이민예술의 끝은 사랑과 봉사이다. 그 험난한 열정의 과정을 통해서 자신과 그 단체는 스스로 향상된 품격을 유지하게 된다. 열정의 꽃을 피우고 열매를 맺으면 이민 인생 100세 시대에 걸맞은 장수, 행복의 꿀맛을 만끽할 수 있다.

지난 1월 27일(토) 오후 6시. Calgary 시내 Leacock Theatre(Mount Royal University)에서 Korean Art Club(Calgary 김경숙 회장)이 주관하는 캐나다 건국 150주년 기념 〈제1회 한인아트클럽문화제〉는 한국의 전통춤과 악기들이 한데 어울려 열정으로 피운 꽃들이 얼마나 아름답고 그윽한 향내를 피우는지 체험하는 기회였다.

김경숙 회장은 인사말에서 한국의 전통 음악과 춤, 미술 등의 예술을 캐나다 사회에 소개하고 공유함으로 유대 관계를 더욱 공고히 하고 캐나다복합문화발전에 지속적으로 기여하는데 그 목적이 있다고 밝혔다. 이날 315석의 실내 극장의 좌석은 김수근 한인회장을 비롯하여 많은 관객들로

빈틈이 없었고 일부는 복도나 뒤편에 선 채로 관람하기도 했다. 극장 관계자는 이처럼 많은 관객이 한 행사에 운집한 것은 근래에 보기 드문 행사였다고 귀띔한다.

그중에서 전례에 볼 수 없었던 광경은 복합문화 분야에 종사하는 국가공무원들과 문화단체 요인들, 주정부 국회의원 그리고 원주민 문화 기획자 등 20여 명이 참석하여 새해 벽두의 150주년 건국 기념 축하공연에 비상한 관심을 불러일으켰다.

1부 공연이 끝나고 로비에서 몇 분을 만났다. 한결같이 한국 전통의 아름다움에 대해 놀라워하며 입을 다물지 못한다. 여러 민족의 문화단체 초청 공연에 분주할 것이고 캐나다 원주민과 한국 전통문화가 서로 융합하며 새로움을 창조하는 새로운 공연의 기폭제가 될 것란 예감이 들었다. 박연숙 여사의 스승이신 대한민국예술원 회원 조흥동 선생의 지적대로 고등학교 제자와 한 무대에서 함께 공연한다는 꿈같은 현실도 열정의 결과이다.

이날 2시간여 공연하는 동안 관객들은 매우 다양한 전통춤과 공연을 볼 수 있는 소중한 기회였다. 태평무, 화관무, 심노심블로, 입춤, 살풀이, 부채춤, 장고춤, 부채산조, 한량무, 검무 등 고전춤과 에드몬튼 한빛팀의 삼도 사물놀이, 모듬북, 설장고, 아트클럽 사물놀이 팀의 사물놀이 등 한국의 전통춤들과 공연 놀이 등을 관람할 수 있었고, 조흥동의 수준 높은 한량무, 박연숙의 살풀이춤은 오랫동안 기억에 남을 것이다. 고전 무용에 처음 입문하여 '입춤'을 춘 김정선 단원의 소회대로 "조흥동 선생님과 함께 무대공연을 할 수 있었다는 것만으로도 영광입니다."

이 모두가 낯선 것들을 두려워하지 않고 찾아가는 열정을 통과한 사람들의 용기에서 삶을 배운다.

# 한인 전통예술 공연 단상

### 제1회 한인아트클럽문화제

캐나다 전 지역이 새해 벽두부터 축제의 열기로 후끈 달아오르고 있다. '캐나다 건국 150주년'을 맞아 2억 불이 넘는 행사특별예산을 투입, 캐나다 정부가 주관하거나 지원하는 크고 작은 다양한 행사들이 펼쳐진다. 새해 하루 전날, 전국 19개 도시에서 New Year's EVE의 화려한 축제를 시작으로 막이 올랐다. 캐나다 국립공원 홈페이지에서 발부하는 무료입장권 (136불 상당) 'Discovery Pass'만 있으면 전국의 국립공원을 올 한 해 언제나 무료로 입장할 수 있다는 기대감 때문일까? 지난주 뉴욕타임스지에서 추천한 여행지역 52개 지역에서 캐나다가 1위에 오른 것을 필두로, 세계적인 여행 잡지 론리플래닛(Lonely Planet) 등 유수의 언론들이 앞다투어 올해 여행하기 좋은 나라 1위로 선정, 소개한다. 한인 관광여행사들이 벌써부터 홍보에 집중, 예년에 볼 수 없는 수많은 한국 관광객들이 몰려올 것이다. 정부의 통 큰 지원에 힘입어 한인 교민 단체들의 전통문화 예술축제행사의 계획도 곳곳에서 들려온다.

다음 주 토요일(Jan 21, 2017 6:00 pm), Mount Royal University 구내 Leacock Theatre에서 캐나다 건국 150주년 기념 및 아트클럽 창립 5주년

기념행사인 '제1회 한인아트클럽문화제'가 열린다.

이 행사를 주목하는 이유는 대한민국예술원 회원인 조흥동 선생 및 그의 후학 김종학, 윤종현 제자를 초청하는 특별공연과 앨버타 교민 박연숙 선생의 고전전통무용 인생 50여 년 내공이 뿜어내는 우아한 춤사위 작품 발표를 기대하는 설렘 때문이다. 이번 공연은 우리 교민들로서는 좀처럼 만나기 어려운 고전 춤의 향연이 빚어내는 잊지 못할 감동의 무대가 될 것이다.

조흥동 선생(76세)의 화려한 경력은 몇 페이지를 읽어도 끝이 없다. 경기도립무용단 단장 재직 시 60여 명의 단원들을 이끌고 무용창작극 태권무무(舞踊創作劇 跆拳武舞) '달하'의 한국 국내 공연 및 해외 중요도시 공연으로 전통무용 애호가들에게 널리 알려진 바 있지만, '조흥동'하면 '한량무(閑良舞)', '한량무'하면 '조흥동'의 대명사로 불릴 정도로 한량무의 원형 그대로 전수받은 춤을 관람할 수 있는 행운에 감사한다.

한량무는 한량(閑良)과 별감(別監)이 기생(妓生)을 즐겁게 노는 자리에서 승려가 나타나 멋진 춤으로 기생을 유혹하는 남녀 관계를 그린 춤이다. 남사당패의 남성 춤에서 교방계의 무용으로 옮겨오면서도 남성적인 춤의 대명사라고도 불린다. 역동성과 다양성을 나타내는, 아쟁 피리 재금 장구 북 등을 사용해서 장단을 맞추며 조화를 일구어내는 멋진 남성 고전 춤극이다.

2시간여의 프로그램이 매우 다양하다. 섬세한 발놀림과 민첩한 동작으로 휘몰아치는 장단에 맞춰 자유자재로 몸을 놀리는 윤종현의 태평무를 시작으로, 화관을 쓰고 긴 색 한삼을 공중에 뿌리며 신명 나는 춤을 추는 아트클럽 단원들의 화관무가 뒤이어 함께 어울리며, 교민들의 안녕을 기원하는 막이 오른다.

　학이 구름 위로 비상하듯 춤을 추는 인생무상을 노래하는 조흥동의 한량무에 이어, 박연숙의 수제자 단원인 김정선의 '입춤'으로 이어진다. 조흥동의 '신노심불로' 박연숙의 '살풀이', 에드몬톤 한빛 단원들의 '삼도 사물놀이' 1부가 끝나고 아트클럽의 검무, 조흥동, 김정학의 '진쇠 춤', 박연숙 아트클럽의 '장고춤'과 '설장구' '부채산조' '모듬북'(박연숙 외), 사물놀이 '짝쇠'(아트클럽) 등의 순서로 2부가 진행된다. 아트클럽의 탁월한 준비와 정성으로 이번 기회에 조흥동 선생의 전통무용과 창작무용들을 접할 수 있어 신년 초부터 행복하다. 막대한 경비를 들이면서도 이날 입장료는 무료다.

　캔버스 전체를 가득 메우는 서양화와는 달리 공간의 여백을 중시하는 동양화처럼, 마치 수직적으로 꽉 찬 듯한 현대 음악을 넘어, 수평의 여백으로 곡선을 표현하는 우리의 고전 춤과 음악을 감상하는 기회가 있어 행복하다. 남녀노소 누구나 한국 교민이면 모두가 공연을 보면서 구정 설날을 맞이하자. 우리 교민 스스로 한국의 옛 얼을 소중히 지키며 한국 전통문화를 널리 소개하며 친밀하게 지내는 소중한 기회로 삼자.

# 나의 아버지

　아버지에 대한 추억이 일 때마다, 아버지는 무슨 사업을 해도 실패하셨던 분이라는 것 이외에는 별다른 기억이 없다. 지금에야 이 잘못된 생각들이 매우 후회스러워 아버지에게 송구스러울 뿐이다. 아버지는 동네 면서기로, 어머니는 반찬가게를 하면서 남부럽지 않게 지낸 사실을 같은 동네에 함께 살았던 지인을 통해 훗날 그 사실을 알았지만, 피난 시절의 충격 때문인지 나에게 늘 과묵했고 무표정이셨다.

　원산 항구로 동정을 살필 겸 구경을 나왔다가, 무일푼으로 12월 마지막 피난 상선을 타고 떠났던 피난민 시절, 졸지에 당한 슬픔을 딛고 국제시장에서 앉은뱅이 노점상을 하셨다. 길 가운데 늘어진 점포 하나를 얻어서 미군 PX물품 장사를 하셨고 밀수품도 팔았던 것으로 기억한다. 얼마 후 모든 것을 접고는 집 인근에 양계장, 양돈장 사업을 하기도 하셨다. 그것도 닭이 질병에 한꺼번에 죽어 폐기 처분하는 등 오래 가지 못했다.

　내가 초등학교 6학년이던 추운 겨울, 늦은 밤 친구 집에서 공부하고 집에 도착하니, 집 밖에서 어머니와 심한 말다툼을 하고 있었다. 어머니의 성경책을 마구 찢고 있었고, 나를 보자 다툼은 얼른 중단됐으나, 나는 놀라서 배고픔도 잊은 채 건넛방으로 얼른 들어갔다. 부모님의 이런 모습을 처음 보았기 때문이다. 긴 일자형 건넛방에는 누이와 여동생 그리고 남동생이 나란히 누워 자고 있었다. 나의 잠자리는 구석 모퉁이였는데 늘 그랬던 것처럼 부엌에서 혼자 주린 배를 채우고 잠자리 구석 모퉁이에 놓인 나의 앉은뱅이책상에서 늦은 밤이라 전구는 켜지 못하고 석유 호롱불을 켜고 밀린 공부를 마주하곤 했다. 친구의 집은 30여 분의 먼 거리에 비록 판잣집이지만, 따로 공부방이 마련되어 있어서 이따금씩 방과 후에 달려가 같이 공부하던 곳이었다. 분노가 치밀어 그날은 옷 입은 채로 잠을 자고 이튿날 정자 우물에서 얼음을 깨고 물배를 채운 후 학교에 일찍 등교했다. 그날 누이동생이 내 도시락을 가져다주었던 기억이 생생하다.

나는 같은 날 시험을 치르는 전기(前期) 전형에 경남중학교보다 한 등급 낮은 대신중학교를 지원해 합격했다. "잘했어, 장하다." 아버지가 내게 처음 칭찬하시는 말씀이었던 것 같다. 시골 초등학교라 200여 졸업생 중 고작 10여 명 내외의 학생이 전기 시험에 합격했기 때문이다.

1학년 교실에 처음 들어서니 담임선생님은 영어 과목 선생님이었고 몇몇 학급 아이들은 담임선생님과 이미 친숙해 있었다. 입학하기 전 미리 영어 과외공부를 하고 있었다는 사실을 후에야 알았는데 변두리 시골 학생인 나는 이 사실을 도무지 이해할 수가 없었다.

"너의 입학등록금을 겨우 마련했어." 부산여고를 졸업한 손위 누이가 일러주었다.

"지금은 선생님이 임시 반장을 지명하고 두 달 후에 반장 선거를 한다. 매달 월말고사를 치르고 전 학년 10등 이내는 월사금 전액면제를 받는다." 이 말들도 아직 또렷하게 기억한다.

방과 후 얼마 동안 학교 교실에서 홀로 숙제와 예습 복습을 하고 집에 도착하면 땅거미가 지곤 했는데, 하루는 아버지가 집 앞에서 기다리고 있었다. 지금은 옛 동아대학교 농과대학 부지가 대형 아파트 단지로 변모해 흔적을 찾을 수가 없지만, 지금의 역사 깊은 '괴정 정자우물' 부근이다.

집 담벼락에 붙여서 흙벽돌로 작은 공부방을 지어주셨다. 남쪽과 서쪽에 큼직한 유리 창문을 달았고 지붕은 함석 철판을 얹었다. 내부는 도배지로 말끔히 단장되었다. 책상은 비록 중고 같았지만 깨끗했다. 전기는 연결이 되지 않아 늘 호롱불로 공부했으나 공부방이 너무 좋아 담요로 몸을 둘둘 말고 맨 마룻바닥에서 잠을 청하기 일쑤였다. 공부방 덕분에 1, 2, 3학년 연속 반장을 했고 3학년 때는 학생회(재건학생회) 회장을 했다. 공부도 매월 전 학년 10등 이내에 든 달이 대부분이었다. 중학교 시절 월사금(月謝金)을 낸 기억이 없다. 간간이 등수 안에 들지 못해도 독지가들이 대신 납부해주었기 때문이다. 나는 지금도 그 많은 월말고사 상장과 임명장 삼 년 개근상장을 고스란히 보관하고 있다.

가끔 삶에 의욕을 잃을 때 그것들을 꺼내 보고 삶을 용기를 얻곤 한다. 밤이면 반딧불들이 창가를 현란하게 수놓고 휘영청 달빛이 스며든다. 함석판 지붕을 두드려대는 요란한 빗줄기가 졸음을 깨운다. 한밤중 아버지가 팔다 남은 초콜릿과 고래 고기, 깨소금 한 접시를 밤참으로 슬며시 들여 놓아주곤 하셨다.

부산고등학교에 입학했다. 그해에는 '부산시연합입학고사'에서 부산고등학교가 166점, 경남고등학교가 163점, 3점 차이에 300여 명이 있었다는 소식을 들었을 때, 그 기쁨은 이루 말할 수 없었다. 2살 터울의 여동생은 부산여중에 재학 중이었으니 그 시절, 우리 집은 괴정 시골에서 유일하게 형제들이 나란히 일류학교에 다니는 남부럽지 않은 가정이었다.

몇 개월이 지날 어느 날 나만 남겨두고 모두 강원도 산골기도원로 홀연히 집단으로 이주했다. 나는 담임선생이 소개해준 부잣집에 가정교사로 졸업 때까지 지낼 수 있었지만, 그 원인을 아무도 나에게 알려 주지 않았다. 생전에 어머니께서 아내에게 설명했던 것을 최근에야 내게 일러주었다. 밀수품을 취급하다 며칠 유치장에 다녀온 후 이사를 강행했던 것이다. 교회 권사인 어머니가 용납할 수 없었으리라.

나의 사랑하는 아버지는 생전에 황량한 들판에서 홀로 강하게 살아가는 방법을 가르쳐 주셨다. 내가 이제야 인생의 철이 들어, 형제들과 조카들이 남부럽지 않은 행복한 생활을 하고 있는 것은, 부모님이 주신 절절한 염원의 은혜라고 생각하니 가슴이 미어진다.

지난달 한인합창단 정기 연주회 중, 남성합창단의 '아버지'중창을 부르면서 아버지에 대한 그리움이 솟구쳐 한동안 입만 벌리고 노래했다.

'한 걸음도 다가설 수 없었던…, 서로 미워도 하고, 누구보다 아껴주던 그대가 보고 싶다. 가까이에 있어도 다가서지 못했던, 가슴속 깊은 곳에 담아두기만 했던…, 긴 시간이 지나도 말하지 못하였었던, 그래 내가 사랑했었다'

"고요한 바다로 저 천국 향할 때 / 주 내게 순풍 주시니 참 감사합니다. / 큰 물결 일어나 나 쉬지 못하나 / 이 풍랑 인연 하여서 더 빨리 갑니다."

아버지가 가정예배 시간에 즐겨 부르시던 찬송가 503장을 불러 보나 눈물만 흐르니 더 이상 부를 수가 없다.

나의 사랑하는 아버지! 부디 꿈속에서라도 다시 찾아오셔서 '마음속의 공부방' 하나를 더 만들어 주시면, 갈수록 연약해지는 자신을 추슬러 강하게 살겠습니다. 죽는 날까지 아버지처럼 부지런히 살겠습니다. 생전에 그러셨던 것처럼 그것으로 족합니다. 그것이 저에게는 큰 은혜였습니다.

## 캘거리 예찬

캘거리는 나의 첫 정착 도시, 고향처럼 푸근한 정이 깃든 곳 갈수록 고맙고 사랑하는 마음으로 가득하다. '디아스포라'는 태생적으로 더 좋은 곳으로 옮기고자 하는 욕망이 있어 임시 거주지 정도의 생각이 늘 잠재하고 있지만, 애당초 충동을 이기며 살아온 것은 나에게 큰 행운이다.
이웃이 나에게 베푼 사랑의 온정을 잊을 수가 없기 때문이다.

1993년 매우 추운 겨울 갑자기 이민 허가가 나와서 우리 가족은 허겁지겁 이민을 왔다. 부족한 생활필수품을 구하러 쇼핑몰로 가서 자동차 키를 차에 넣어둔 채로 문을 잠근 실수를 했다. 여러 사람의 도움이 있었으나 열지 못하고 두려움에 떨고 있었다.

뒤늦게 노인 한 분이 내게 다가와서 물었다. 나의 어눌한 영어 실력에 "이민 온 지 얼마나 됐나요?" "네. 일주일 정도 됐습니다." 은퇴한 경찰관인 노인은 내가 도와줄 테니 염려하지 말라고 위로하며 공중전화에서 어디론가 전화를 하고는 한 시간이 넘도록 기다렸다. 상가는 폐장 시간이 넘었고 가족 모두가 겁에 질려 강추위에 오들오들 떨고 있는데 아직 짐을 덜 내려놓은 듯, 절반가량 짐을 실은 큰 화물트럭 한 대가 도착했.

열쇠 꾸러미로 이것저것 열어보더니 금방 열렸다. 나는 사례비로 운전사에게는 200불을, 은퇴 경찰관에게는 100불을 주었더니 두 분 다 극구 사양했다. 운전사는 즐거운 듯 바쁘다며 즉시 떠났고 노인은 "여기는 이민자의 나라입니다. 이웃에게 열심히 봉사하십시오." 노인도 황급히 걸어서 부근의 아파트 단지로 떠났다. 그 시절 나의 아파트 월 렌트비는 600불이었고 한화 환율은 650:1이었다.

비행기 위에서 웅장한 로키산맥을 지나고 푸른 초원을 가로질러 캘거리 언저리, 착륙하는 비행기 창밖으로 바라본다. 다운타운 빌딩 숲을 에워싸고 동서남북으로 주택들이 쭉 늘어선 계획된 도시 전경은 예나 지금이나 한결같은 모습으로 큰 변화가 없다. 도시 개발에 밀려 지역 주민 허락 없이 자연경관을 훼손하는 일이 없다.

내가 자리 잡은 주택가 상가도 1층은 소매업, 2층은 소규모 사무실과 넓은 주차장을 보유하고 있다. 홍콩의 부유한 건물 주인이 상가 아파트로 개축을 할 계획으로 20여 년 전부터 수단 방법을 가리지 않고 노력했으나 이제는 포기했다. 커뮤니티에서 반대하기 때문이다.

서울 면적만 한 도시에 120만 정도의 인구, 사계절이 뚜렷하고 정치인, 공직자들은 매우 친절하고 정직하다. 시니어는 일 년 패스 1,000불 정도로 캘거리 시영 3개 골프장을 100번 사용할 수 있다. 앨버타주 소재 카지노 운영은 주 정부에서 관리하고 카지노 수입금은 주정부의 허가를 받은 자선, 예술 단체 1,000여 곳에 고루 분배된다. 2년에 한 차례씩 수령하는데 코비드 전에는 60,000불 정도 수령했다고 한다. 단체별로 20여 명 정도의 자원봉사자가 한 해 한 차례 6시간 카지노 자원봉사를 한다. 캘거리의 한인회, 노인회, 장학회, 라이온스클럽 등 7개 한인 단체가 균등하게 수익금 수혜를 받고 있다.

　나도 가끔 가게가 끝나고 밤 10시부터 새벽 3시까지 배정 요청을 받으면, 서슴지 않고 자원봉사를 하곤 하는데 지금은 노인이라고 제외당하는 경우가 많아 안타깝다. 최근에는 의료 전산화 작업이 완료되어 패밀리 닥터를 중심으로 전문의와 각종 검사 기록들이 즉시 공유되고 있어 매우 편리하다. 알버타는 의료보험 개인 월간 부담금마저 오래전에 폐지되어 모든 수술과 입원이 전액 무료이다.

　석유와 지하자원 매장량이 풍부하고 남한의 9배나 되는 드넓은 초원에 밀, 유채 밭이 끝이 없고 첨단의 축산업 관광산업 등이 경제를 선도하고 있다. 캘거리는 언제나 세계에서 살기 좋은 도시 최상위 그룹에 들어 있다. 한동안 세계에서 제일 살기 좋은 도시 1위에 여러 해 선정되기도 하는가 하면, 올해도 캐나다 제일의 살기 좋은 도시로 선정되었다고 한다. 젊은이 남녀노소를 위한 임대 주택들이 여유롭고 미혼모 응급 쉘 터들을 위한 아파트들이 속속 늘어난다.

　영세 사업자들이 종업원을 구하지 못해 고심하고 있다. 석유 값이 올라 경제 구조가 호전되고 COVID-19이 잠잠해지면 밴프를 중심으로 관광객이 늘 것이다. 캘거리 외곽을 한 바퀴 도는 Calgary Ring Road가 2년 후 완공되면 점차 꿈의 도시로 변모할 것이다. 상상만 해도 즐거운 일이다. 나는 오늘 아침, 매주 두 번 오전에 봉사하는 교회 Food Bank 배달 봉사 요원을 감사하는 마음으로 온라인 신청을 했다.

　이러한 풍요 속에서도 빈부격차가 점점 심화되어 좀도둑 떼가 극성을 부린다. 요즈음은 차량 좀도둑이 유행이다. 우리 상가의 소매점도 지난주

강도가 들어와 큰 피해는 없었으나 경찰에 신고했더니 5,000불 이하의 피해 신고는 흉기의 신체 피해가 없으면 출동할 수 없다고 한다. 경찰 인력 부족 때문이리라. 지난주 나의 아내 차도 가게 앞마당에 주차했는데도 차 안의 소지품을 전부 도난당했다. 어제도 여성 여러분이 공원 산책을 하려고 쇼핑몰 주차장에 주차하고 핸드백을 뒤 트렁크에 넣어 두었는데 그것들마저 도난당했다고 하소연한다. 이곳저곳에서 도난 횟수가 늘어난다. 차 안에는 소지품을 일제 남겨두지 말 것을 당부한다. 운전면허증 등 모든 서류들도….

세계적인 팬데믹 영향으로 물가가 폭등하고 올겨울에는 전례 없는 한파 강추위가 닥칠 것을 예보한다. 힘든 겨울을 서로 사랑하며 견뎌내야 한다.

# 제4부
# 사유의 길

# 가을 단상

 가을은 천고마비(天高馬肥)의 계절, 읊조리기만 해도 마음은 으레 어릴 적 고향마을로 달려간다. 토박이 농민들의 넓은 집 뜰에는, 감나무 대추나무 열매가 벌그레 주렁주렁 탐욕스럽게 열리고, 앞산의 밤나무밭에 아람이 무르익어 떨어질 무렵이면, 네 갈래로 쭉 터진 밤송이에서 알밤이 방실거린다.
 넓디넓은 황금 들판에서 세찬 물결이 이는 늦가을, 학교 수업이 없는 날 새벽이면, 나는 괜스레 바빠진다. 자루를 울러 메고 행여나 먼저 온 사람이 주워 갈세라, 대추나무 밤나무 있는 곳을 향해 냅다 뛴다. 밤사이 울타리 밖으로 떨어진 낙과를 주워 담기만 해도 금세 한 자루가 가득 찬다. 참기름으로 갓 닦아낸 것처럼 알밤과 대추에서 갈색 윤기가 반들거린다. 언젠가는 마을 종갓집 노인이 울타리 밖에서 알밤을 줍던 나를 힐끗 보시더니, 마당 안에 떨어진 굵은 알밤들만 골라 연신 밖으로 던지며 말을 건넨다. "너거 집 제사상 차릴라 그러제." 지금 생각하니 마당의 큼직한 햇밤으로 베푸는 진실공덕(眞實功德)을 실천하시고 있었다.
 내친김에 누렇게 익은 들녘의 논으로 향한다. 갓 낫질해서 눕혀 놓은 듯 싱싱한 볏짚 사이를 이리저리 훑으면, 아침 이슬을 머금고 파르르 떠는 메뚜기들이 지천에 널려 있다. 소주병 한 병을 가득히 채워오면, 어머니는 들기름에 연신 들들 볶아 건네준다. 하얀 사기 종발 위로 피워내는 메뚜기 향기가 부엌 어간(於間)을 가득 채운다. 그 향기가 얼마나 진했던지 지금 생각만 해도 코끝이 간지럽다.

가을은 순우리말, '갓(끊)다'의 어원을 지니고, '가실하다'(추수하다)가 '가슬'로 불리고 가을이 됐다. 미국은 fall, 영국은 autumn으로 불린다. fall은 영국의 16세기 중반 autumn의 동의어로, 'fall of the leaf'로 사용되다가 실용주의 미국에서는 'fall'로 간결해지고 전통을 중시하는 영국에서는 'autumn'으로 정착했다고 한다.

이렇듯 가을의 의미는, 다 자란 식물을 잘라내고, 낙엽 떨어지듯 떨어뜨리는 계절이다. 가을은 한 해의 것을 거두어들이고 떨어내는 계절이지만, 야생동물들에게는 혹독한 추위를 이겨내기 위해서 미리 준비하는 계절이다. 먹이를 저장하는가 하면, 털들이 더욱 조밀하게 자라고, 철새들은 따뜻한 곳으로 죽음을 무릅쓴 이동을 감행한다.

가을이 오고 있다. 아직도 더위가 가시지 않지만, 밤이 되자 밤바람이 차다. 가게 뒷마당의 이태리포플러 나무에서, 노란 낙엽이 백열등을 타고 쪼르르 뛰어내린다. 산들바람에 신바람이 났나 보다.

나는 아직도 심신이 지쳐 있어 머리가 맑지 못하다. 어정쩡하게 보낸 여름 탓인지 지금 발만 동동 굴리고 있는 것이다. 가을은 여름과 겨울처럼 강렬한 기운을 품는 계절이 아니라, 강산이 노란빛으로 물드는, 잠시 스쳐가는 담백한 계절로 위안받곤 했는데, 지금 나는 온몸으로 가을을 맞을 준비가 안 돼 있다. 총총한 별빛, 큰 쟁반만한 달빛, 아스펜 나무숲 사이들 스치는 고즈넉한 가을 정취는커녕, 인근 지역에서 계속 덮치는 산불 연기 때문인가? 쾌쾌하고 탁한 공기를 연신 들이마시니, 마치 서울의 한 복판에 서 있는 것 같다. 이 가을에 정신을 바짝 차리고 지친 몸을 추슬러야만 긴긴 겨울을 보낼 수 있다.

아침 일찍 인근의 Fish Creek Park 깊숙한 계곡의 개울물을 찾았다. 마치 강물에 발을 담그고 영혼을 정화시키는 인도사람들처럼, 발을 담근다. 발이 시리 오며 정신을 깨운다. 큰 가뭄인데도 아직도 곳곳에 작은 계곡물이 솟아 흐른다. 그들은 만나고 또 만나고 합쳐져서 큰 물줄기를 만든다. '아하! 계곡물이 사는 법이 이것이구나.'

노년이란, 젊은 시절처럼 많이 보는 것이 아니라, 깊이 보는 것이다. 오랜 역경과 실패를 딛고 일어서는 세월의 경험으로 이해의 폭을 넓혀 주는 것, 그것이 노인의 자랑이고 자산이리라. "이 또한 지나가리라."는 옛 잠언처럼, 나는 인생의 긴 터널 속을 지나가는 나그네이지 동굴 속 주인은 아니기 때문에 이 가을에 지친 영혼을 맑고 깨끗하게 닦아내며, 겸허한 마음으로 가을을 맞고 싶다.

## 캘거리노인대학 단상

　글렌모어 호숫가의 둘레길을 혼자 걷고 있는데 카톡 방의 벨이 울렸다. 3월 27일 개강하니 참석을 독려하는 문자 메시지다. 일 년에 봄가을로 두 번, 매주 수요일 오전 10시에 시작해서, 하루 3시간 수업. 10주간 다양한 춘계 프로그램의 소개가 즉흥적인 관심과 흥미를 일으켰다.
　나는 인터넷에서 지난 행사 정보를 습득한 후, 바로 행사장인 한인장로교회에 도착했다. 20여 년의 전통을 이어온 노인대학에 처음 등록했다. 아직도 식당을 하고 있어 시간에 쫓기기 때문이다. 이미 100여 명이 넘게 등록을 마치고 개강식이 진행 중이었다. 1시간 개강 특강이 끝난 후 미술반, 댄스반, 컴퓨터반, 합창반 등 7개 특별활동반 중에서 합창반 등록을 하고 2층 합창반 교실로 갔다. 20여 명의 노인 학생이 참석했다. 차를 몰고 가는 동안 망설임도 있었다. 팬데믹 기간 동안 발병한 부비동염(sinusitis)이 만성질환으로 진행되면서 노래하는 데 매우 힘이 들었기 때문이다.
　대학원에서 성악을 전공한 손지현 합창반 지도선생이 기다리고 있었다. 첫 대면인 데도 활기가 넘친다. 등록한 20여 명의 합창반원들을 위해 10주 동안 학습할 16곡의 합창곡 악보 교재들을 미리 프린트해서 일일이 바인더를 만들고, 손 글씨로 편집해서 부연 설명을 해 놓고, 앞자리에 가지런히 준비해 놓고 있었다.

열정을 가지고 헌신적으로 봉사하는 순박한 모습의 지휘자를 노년에 만나는 이 기쁨, 무엇으로 설명할 수 있을까? 첫 수업 시간, 손지현 선생의 첫 일성이다. "여러분들은 그 많은 한인 노인들 중에서 배움의 열정이 있어 노인대학에 등록하고 그중에서도 합창반에 지원한 실력과 자부심을 가지고 있으니 해낼 수 있습니다" 나는 그 한마디에 이 수업을 끝까지 수강하리라 결심했다.

학창 시절부터 지금까지 합창단, 성가대를 떠나지 않고 경험한 결론은 '합창단 지휘자의 첫 덕목은 순박하고 열정적이어야 된다.'는 것이 지론이다. 그런 분을 오래간만에 만났다. 첫날부터 성악 이론을 쉽게 설명하고 시간마다 발성 연습에 많은 시간을 할애했다.

내 옆자리의 노인 학생은 85세이다. 젊어서는 목소리에 자신이 넘쳤는데 지금은 힘들다고 연신 푸념이었다. 그런데 갈수록 노인들의 목소리가 다듬어지고, 나도 횟수를 거듭할수록 어느새 성대가 치유되는 놀라움을 경험하고 있었다. 해박한 발성 지식의 노인 전문 성악지도자임에 틀림없다.

강대욱 학장과 임원들의 높은 지도력 때문이리라. 시간시간 진행이 매우 빠르다. 1교시, 2교시가 끝나면 곧 30분간 점심시간이다. 국밥, 짜장면, 카레라이스, 미역국 등 메뉴가 담백하고 정갈하다. 오전 광고 시간에 설거지 당번은 돌아가면서 자발적으로 봉사하자는 간곡한 당부가 있었다. 나는 30년 식당을 운영하면서 지금까지 자신 있는 것이 설거지다.

수업이 끝나기가 무섭게 계단을 뛰어 내려와 먼저 배식을 받는다. 주방의 식사 요리 담당자들의 수십 년 요리 실력이 일품이다. 훌훌 국물을 들이마시듯 5분 내로 식사를 끝내고 주방으로 밀려드는 설거지를 구분해서 처리하면 자발적으로 봉사 노인학생들이 몰려온다. 모두 경험이 있어 처리 속도가 빠르다. 그리고 오후 수업 시간에 늦지 않게 뛰어 올라가야 한다.

노년의 일상생활 중 남을 기쁘게 하기 위해서 봉사하는 것, 이 기쁨을 무엇에 비유할까? 이 업무를 할 수 있다는 것, 복중의 복이니 봉사의 기회를 준 노인대학에 감사를 드린다. 학장은 수시로 실내 청소를 하고 임원들이 배식을 배달하는 등 각자 역할에 분주하다. 30분 안에 120여 명의 식기와 기타 설거지하고 나면 허리가 뻐근하다. 그리고 교실로 뛰어가야 한다. 봉사하기 위해서 허리 근육운동을 더 열심히 해야 한다. 나는 식기 세척 담당 봉사를 고정적으로 신청했다.

노년의 봉사는 신통력이 있다. 봉사하면 할수록 스스로 고통의 치유능력을 생성한다고 믿는다. 봉사하는 순간은 근력이 강화되고 기쁨이 넘치고 걱정이 사라진다. 마음이 맑아진다. 노쇠 현상은 지연될 것이고 요즈음 회자되는 '내재 역량의 강화'의 한 원인을 될 것이다. 특강 시간에 장례문화, 일본의 고전 역사 이야기, Calgary Fair Entry 교육 등을 통해 노년의 순간은 죽음을 늘 생각할 때 삶의 보람과 용기가 생기고 활기가 넘친다는 것을 깨닫는다.

10주간 교실 학습이 끝나고 5월 29일 반별 학습발표회 날이다. 미술반은 지하에서 작품전시회가 열리고, 댄스반은 학생 전원이 참석하는 라인댄스 율동시간, 나도 앞자리에서 열심히 따라 춤을 추었다. 탁구반은 조별 토너먼트 시합으로 우승자를 가리었고 컴퓨터반은 전 학생을 대상으로 핸드폰 AI 교육이 있었다. 합창반은 연습한 곡들 중에서 5곡을 선정해 무대에서 첫 순서로 발표회를 가졌다. 노래와 장기 자랑이 이어지고, 전원이 상품을 받았다.

근간에 캘거리노인회 회원인 우림 이상목 회원의 예술작품 전시회가 Korean Art Club(김경숙 회장)에서 열렸다. 5일간 정형 시조집 『낯설지 않은 그림 한 점』 출판기념회와 고향과 로키의 사진전, 수석 전시회가 함께 열려 작품들 절반 이상이 매진되는 등 보기 드물게 성황리에 끝났다. 나도 사진 3점을 구매해서 식당 벽에 걸어 놓았다. 세계적인 사진작가 복제품과 함께 걸어 놓았는데 손님들의 관심이 지대하다.

우림 시인의 창의력 계발, 꿈과 노익장은 줄기차다. 이미 발표한 정형시 17편이 한국에서 각기 다른 작곡가와 성악가, 유명 합창단들에 의해서 무대에서 불리고 있다. 딸을 시집보내며 지은 헌정 시 「축복의 노래」는 한국과 에드몬톤 한인 결혼식장에서 심심찮게 축가로 불려지는 것을 확인할 수가 있다.

## 가을, 어머니의 어머니 노래

　노년의 가을 느낌은 해를 더할수록 예민해진다. 고독의 인생무상을 읊으면서 자기의 처지를 슬퍼하는 분들이 있는가 하면, 그리움의 회한 때문에 가슴앓이를 하는 분들도 있다. 좀 여유가 있는 지인들은 언제나 가을에 먼 여행을 떠나 자신을 반추한다. 주위의 어떤 지인들은 남몰래 죽음의 차분한 준비를 시작하느라 애지중지 소유한 사물들을 과감히 버리는 계절도 가을이다.

　나처럼 아직까지 힘든 일을 하는 처지에선 여행을 다니고, 환경의 신세한탄을 할 수 있는 여유는 없다. 아직도 여행은 삶의 사치일 뿐이다. 오로지 20여 성상을 한 식당에서 생업과 씨름을 하느라, 고상한 삶의 여백을 발견할 시간적 여유가 없었으리라.

　빠른 세월만 탓하며 눈만 몇 번 껌벅거렸을 뿐인데, 그사이 어머니와 형제들을 여의며 가슴 아파하고, 자녀들을 출가시키느라 노심초사 분주한 세월 때문에 어디 제정신의 삶이 있었을까? 이런 여유들은 허세로 치부하며 살아온 인생이지만 후회는 없다.

## 초로(初老)의 가을맞이

올해는, 별스레 긴긴 가을이 — 나는 일교 차가 심한 팔월 중순이면 밤새 군데군데 노란 저고리들을 입히느라, 아침 햇살엔 유난히 파르르 떠는 가게 뒤뜰의 지혜로운 70년생 자작나무에서 첫가을을 읽는다. 가을의 전령사다. — 겨울의 길목을 꽉 막고 접을 줄을 모르지만, 겨울의 정탐꾼은 야밤을 타고 진군하며 대지에 한파를 적시고 다닌다.

가을의 막바지, 오늘같이 맑은 날, 삶의 영감이 나를 위로한다. 가슴이 찡하도록 저며 오는 감동들이 있어 모처럼, 삶의 여백을 찾아간다. 로키산마루의 저녁노을 — 인생의 저녁놀이 눈이 부시도록 아름답다고 느끼는 것은 고즈넉하면서도 해맑고, 서두르지 않는 잔잔함 속에 영감의 축복이 어디서부터 오며 가는 것인지 깨닫는 시간이기 때문이다.

인생의 삶이 아름다운 가슴 벅찬 날에는 서재에 오래 머물고 싶다. 찌들은 피곤에 스르르 눈이 감기기도 하지만, 얼마간의 정적이 흐르면 멀리 있던 그리운 것들이 살포시 다가온다. 뒤안길 추억들이 가슴 그득히 채워지면, 비로소 텅 빈 가슴속에 영글어진 생기가 살아난다. 사유의 도약이 시작된다. 가난했던 시절의 고통, 애통, 행복한 순간들이 영상처럼 떠오른다. 견디고 이겨내며 살아온 자신이 대견스럽다.

독서의 즐거움보다 음악을 감상하고픈 충동이 먼저 인다. 컴퓨터에 6개의 스피커를 연결한다. 맑고 고운 소리들이 사방에서 반향하며 서재 가득히 소리의 향연을 이룬다.

가을엔 먼~먼 태고의 사연들을 품고, 간절함을 담은 선율이 좋다. 나는 조수미의 노래들과 Stephen Foster-Folk 합창들을 즐겨 듣는다. 천상의 소리들이란 이런 것일 게다. 특별히 조수미의 '자장가'를 좋아한다. 표현의 여백이, 끝없는 광야만큼이나 넓은, 긴 호흡으로 애절함이 넘친다. 한참의 침묵 후에 악기의 반주 없이 부르는 모차르트의 자장가는 단순한 성악가들의 자장가가 아니다. 어머니가 부르는 자장가 수준을 넘어선다. 벨칸토의 미학을 넘는, 어머니의 어머니가 불러주는 자장가다.

새집으로 이사 와서 첫 손자가 두어 살 때이던가? 아내와 딸은 서울로 여행 중이었고 아들은 지방 출장 중이라 너른 집에는 며느리와 손자, 그리고 나뿐이었다. 식당 일을 마치고 늦은 밤 귀가하자 며느리와 제대로 대면도 하지 못하고 곧장 잠에 들었다. 혹시 무슨 일이 일어날까 방문을 조금 열고 잤다.

새벽녘 깊은 잠 중에서 천사의 노래 같은, 비몽사몽간의 고요한 음성이 들려온다. "잘 자라 우리 아가 앞뜰과 뒷동산에…. 잘 자ᅳ거라." 며느리는 열이 펄펄 나는 손자를 포대기로 등에 업고는 애잔한 음률로 자장가를 부르고 있었다. 한참을 불렀나 보다. 그리곤 방으로 이내 들어간다. 아침에 손자의 열은 내렸는지 찐한 콧물만 흐른다. 아침밥 상에서 손자의 한쪽 코를 막고는 한쪽 코는 며느리 입으로 간다. 쭉 빨아 입으로 삼킨다. 어머니의 어머니가 불렀던 노래의 힘이리라.

이 초로(初老)의 첫 가을을 보내면서 어머니의 어머니 노래, 음성을 더 듣고 싶다. 겨울엔 독서로 니체와 헤르만 헤세를 깊게 만나려고 한다. 삶의 고통에서 터득한 영성의 세계, 경험담을 들으며 여생의 여백에 삶의 향기가 곁들인 사랑을 만들어갈 것이다.

## 사유의 길 단상

캘거리 SW 헤리티지 공원을 끼고도는 그렌모어 저수지 서쪽 편 산책로를 걷습니다. 나는 이 길을 지인들이 심히 걱정할 정도로 지나치게 많이 걷습니다. 어제도 며칠을 고생해서 정리한 지난해 소득신고 자료를 회계사에게 넘기기가 바쁘게 그곳을 또 걸었습니다.

시민권을 취득한 이후 25년 동안 거의 빠짐없이 참가한 투표 권리행사도 가게 일하는 시간에 쫓겨 놓쳤습니다. 가게 일과 걷는 것이 그 무엇보다도 우선이기 때문입니다. 지금 UCP집권 여당이 NDP 야당을 제치고 재집권하게 되었다는 뉴스를 들으며 시민의 권리를 행사하지 못한 자책감과 후회가 밀려옵니다.

오늘 아침도 약속한 이 원고를 CN드림 편집부에 보내고 나면 또 걸어야 합니다. 그리고 기침 때문에 세 번을 연속 불참한 한인합창단 오후 1시 정기 연습에 오늘 참가할 것입니다. 아무리 기침이 심해도 마스크를 착용하고 걸었습니다. 신기하게도 걷는 동안은 기침이 사라집니다. 맑은 공기가 가래를 삭여주는 것 같습니다. 이런 날은 하루 종일 걷고 싶은 심정입니다.

일주일에 6일은 걷습니다. 눈이 오나 비가 오나 강풍이 부는 날에도,

영하 25도에도 걷습니다. 폭설이 내려도 상주하는 제설차가 연신 눈을 치우기 때문에 공원 산책로는 고향길같이 포근합니다.

바람이 심하게 불던 늦겨울 어느 날, 걷는 어간의 바로 앞 포플러 나무 큰 가지가 우지직 부러졌습니다. 그렇게 정들은 나무가 부러지는 아픔에 눈시울이 붉어지지만, 바람에 밀리는 몸으로 이어폰에서 흘러나오는 행진곡 박자를 맞추며 걸었습니다. 행진곡은 잔잔한 인정 따위는 허락하지 않습니다. 행진곡이 울리면 앞으로 앞으로 전진해야만 합니다.

매일 걷는 시간이라야 고작 30분 내외입니다. 언덕길도 없는 호수 둑방길입니다. 아스팔트 길을 걷다가 지루하면 길 따라 놓인 잔디밭을 걷기도 하고 호숫물이 철벅거리는 자드락길을 내내 걷습니다. 걷는 사람들이 드문 시간에는 음악에 맞추어 춤을 추듯 걷습니다. 강풍에 쓰러졌던 나무들, 호수 얼음이 녹기 시작하자 비버 녀석들이 싹둑싹둑 잘라놓은 밑 둥지 옆으로 새 나뭇가지들이 어느새 여기저기 삐죽거리며 한참을 자라고 있었습니다. 강풍에 쓰러진 나무들이 누운 채로 새싹을 피워냅니다.

이 놀라운 치유의 생명력, 아까시나무의 싱그러운 꽃향기, 지난 가을 뚝뚝 소리 내며 팽그르 춤추듯 떨어진 낙엽이 눈 속에서 곱게 여물어 시나브로 흙으로 돌아가는 시간입니다. 낙엽이 뿜어내는 구수한 누룽지 냄새가 태평양 비릿한 바다 냄새를 로키산 상록수에 절여서 호수 위를 미끄러지듯 함께 말아낸 조물주의 신비한 방향제에 취해 있습니다. 이 순간은 춤추듯 걷지 않을 수가 없습니다. 엉덩이를 흔들고 양팔을 좌우로 틀면서 마치 젊은 날의 트위스트 춤을 추듯 걷습니다.

그리고 맥도널드 카페로 돌아와 커피 한 잔을 마시며 e-북으로 책을 보다가 이 순간의 감격을 참지 못하고 존경하는 윤병옥 합기도 관장에게 눈물을 글썽거리며 카톡으로 장문을 글을 쓰기도 합니다.

  이것은 나를 찾는 명상의 시간이 아닙니다. 잠깐이라도 넋을 잃듯 내 자신을 자연에 던져서 맡기고 내려놓는 순간입니다. 생각을 멈추고 사유하는 시간입니다. 그래서 매일 홀로 걷지 않고는 노년을 지탱할 기운이 없습니다.

  인생이 늙어간다는 것, 이것은 죽기 위한 과정을 넘어 새로움을 잉태하기 위한 창조의 과정일 뿐입니다. 당당하게 노년을 맞이하고 정의롭고 맑은 마음으로 성스러운 긍정의 세상을 바라봅니다. 내가 지향하는 노년의 역주행입니다.

# 6.25 참전 용사를 기리며

지난 6월 23일(토) 오전 11시 한인회관에서 '캘거리 한인라이온스클럽 (회장 황용만)' 주관으로, 열린 '캘거리 지역 6.25 참전용사 및 캘거리노인 회원 초청 위로연' 행사가 있었습니다. 노래방 기기가 동원된 가라오케 2부 순서에는 많은 인원이 출연해서 시종일관 흥겨웠으나, 1부에서는 내내 숙연한 기운이 감도는 행사였습니다.

부슬부슬 내리는 짓궂은 날씨임에도 불구하고, 라이온스클럽 회원 및 봉사자, 노인회원, 28명의 무궁화 합창단원, 그리고 한인 교민들 등 연인원 150여 명을 웃도는 많은 인원이 참석했습니다. 그동안 별세하신 고인들을 기리었습니다. 이날 김덕수, 이덕홍, 유재근 용사님 3명이 참석하셨고, 그 가족들과 함께 6.25 참전을 참담한 마음으로 회고했습니다. 작년에 별세하신 이순우, 김용석 조태호 3명의 용사님과 박은현, 최정수, 강상설 세 용사님 등 모두 6명의 용사님이 별세하셨습니다. 병환 중에 계신 정인화, 임규재, 최충권, 허원태 용사님 4명과 이주하시거나 탈퇴하신 분들, 자리를 지키지 못한 슬픔이 있었지만 따뜻한 마음의 위로 잔치였습니다. 풍전등화의 대한민국이 위기에 처했을 때 목숨을 걸고 싸우신 역전의 용사들이십니다. 지금도 그분들의 영혼이 우리 주위를 회귀하는 것만 같

습니다. 그 인자하셨던 모습으로 하시던 말씀들이 귓전을 울립니다.

이민수 전 회장의 기도문 낭독, 서정진 한인회장, 황영만 회장, 선우 정찬 노인회장, 김덕수 참전용사회 회장의 절절한 기념사들이 기억에 남습니다. 이어 이진희 지휘자가 이끄는 무궁화합창단의 멋진 축하공연이 있었습니다. 푸짐한 만찬에 이어 2부에는 노래방 여흥이 오랫동안 진행됐습니다.

창단 12년째를 맞이하는 28명의 무궁화 합창단의 기량이 날로 발전하는 모습이 기뻤습니다. 창단 초창기, 노인 중심의 단원들은 즐기려고 시작했을 것입니다. 창단 12년의 오랜 경력이 말해주듯, 수많은 연주 경험이 한인사회 중요한 합창단으로 자리매김하고 있다는 중압감 때문일 겁니다. 각고의 노력을 경주하며 해마다 발전하는 흔적이 역력했습니다. 정지용 장문의 시 '향수'를 합창할 때면, 대원 모두가 지휘자를 응시하듯 눈을 크게 뜨고 완벽하게 가사를 암기하고 있었습니다. 그리고 화음도 훌륭했습니다.

이민 사회에서 예술 활동을 시작한다는 것, 힘들고 고통스러울 때가 많지만, 그 힘든 것을 넘어서면, 우리도 할 수 있다는 용기와 자신감이 생깁니다, 그리고 이 희망을 오늘 청중들에게 선물해 주셨습니다. 마침내는 합창단원 자신들을 신뢰하는 희열의 기운을 느꼈을 것입니다. 긴긴 가사를 합창하는 순간, 퇴보해가는 암기력이 회복되는 듯하고, 치매의 두려움을 이겨내는 자부심과 기쁨도 맛볼 수 있었을 것입니다. 저의 경험이기도 합니다.

6.25 전쟁은 1950년 6월 25일, 북괴의 선전포고 없는 기습남침으로 발발한 명백한 도발 전쟁입니다. 다행히 1953년 7월 27일 휴전협정에 발효되면서 종식 국면에 접어들었지만, 유엔군과 중공군이 참전에 가세하므로, 자칫 세계 3차 대전으로 비화될 뻔한 위기의 한국전쟁이었습니다.

저도 유년 시절, 함경남도 원산 부둣가에서 내일이면 미군 상선을 타고 피난 계획을 세우고 가족과 함께 구경 나왔다가 '지금이 마지막 배'라고 하는 소식에 허겁지겁 거의 맨몸으로 조부모님을 원산 집에 남겨둔 채, 월남한 뼈아픈 경험을 했습니다. 그 유명한 '함흥 철수 작전' 하루 전날입니다. 그 당시 수많은 원산 시민이 줄을 서서 인산인해를 이루었는데 탑승 순서가 우리 가족 앞줄에서 끊어졌다고 합니다. 어머니는 품었던 성경책을 미군 헌병 장교에게 흔들어 보이며 "나 예수 믿는 사람이오."란 고함소리에 놀란 헌병 장교가 우리 가족만 간신히 태웠다고 어머니로부터 전해 들었습니다. 배가 한참을 벗어나는 순간, 원산 시내에는 여기저기 포탄이 폭발하는 굉음들이 천지를 진동했다고 했습니다. 몇 해 전 그 당시 미군 헌병 장교 아들이 한국의 한 TV 방송국에 출연해서 우리 가족의 행방을 찾았다는 소식을 뒤늦게 들었으나 아직 연락이 되질 않고 있습니다.

캘거리한인참전용사회는 지난 2006년 3월 대장금(한인회관)에서 캘거리 한인회(당시 회장 이민수) 주최로 9명의 참전 용사가 참석한 가운데 발대식을 가졌습니다. 6월 앨버타 주정부에 'The Korean Patriots & Veterans Association of Calgary'란 명칭으로 공식 등록인가를 받았습니다. 한때 회원이 13명으로 늘어나면서 활발하게 사회봉사활동을 하던 시절이 그립습니다.

8년 전, 한국 정전협정 60주년을 기념하는 해에는 한인사회의 캘거리 한카 나눔의 재단, REDFM 106.7Mhz 한인방송, 인터넷 포탈 신문 캐코넷, 3개 단체 공동 주최로 한국참전용사 13명 부부 26명과 한인회를 대표한 이병근 이사장 등 중요 관계 인사들 50여 명을 초대했습니다. 전아나 한인 방송국장 자택에서 저녁 식사 모임을 갖는 뜻깊은 자리였습니다. 저는 그때 포도주를 함께 나누며 많은 시간 6.25 전쟁에 참여했던 많은 이야기를 들었습니다. 오랫동안 기억에 남는 추억입니다.

한국전쟁이 발발한 1950 - 1953년 3년 동안 100만 명에 육박하는 990,968명의 공식적인 인명 피해가 발생했습니다. 303,212명이 실종, 행방불명되었고, 229,625명이 부상당했습니다. 한국군 전사자만 137,899명이고, 한국전쟁 당시 외국 참전국으로서는 세 번째로 큰 규모인 26,791명의 캐나다군은 유엔군의 일원으로 전투에 참가해 그중 516명이 전사하였습니다.

우리가 절대 잊어서는 안 되는 참혹한 6.25 한국전쟁입니다. 생존해 계시는 한인참전용사들, 미망인들, 노인회 회원들의 건강과 행복을 위해 특별히 기도하고 위로해 드려야 할 때입니다. 김덕수 참전용사회 회장은 1부 기념사 말미에 국회의원 공천을 위해 동분서주하고 있는 김강민 후보의 당선을 위해 한인 교민 모두가 한마음으로 지원해줄 것을 간곡히 당부하는 말씀을 듣는 순간, 가슴이 뭉클했습니다. 이국땅에서 노년의 정점에 서조차 한민족 후손의 번영을 기원하며 걱정하는 이 어르신들에게 하나님의 가호가 내내 임하시기를 기원합니다.

## 송구영신의 공간 속에서

마지막 피자 배달이에요. 아예 가게 문을 닫고 나섰어요. 세상이 꽁꽁 얼어 있어요. 미동이 없는 세상은 두렵고 무서워요. 한 해의 세파에 지친 듯 숨을 멈춘 듯 죽은 자의 무덤 같은 언덕을 오르고 있어요. 바람이 불기 시작했어요. 바람이 생기를 몰고 오고 있어요. 요양원의 늘어진 성탄 트리가 흔들거려요. 피자 가방도 신이 난 듯 멋대로 춤을 춰요. 이 순간 움직이는 모든 것은 살아있는 생물이에요.

시간 속의 공간들이 잠을 깨우고 있어요. 살아나고 있어요. 긴 괘종시계의 파열음이 사방을 깨우고 있어요. 감옥처럼 굳게 닫힌 문들을 지나 불빛이 서 있는 곳에서 가늘고 쉰 소리가 피어나고 있었어요. "캄 인 샘 (Come in Sam.)" 고무호스로 온몸을 칭칭 감은 뚱보 노인이 손가락으로 환한 손짓을 하고 있어요. 이 순간은 얽히고설킨 끈들이 유일한 생명줄이고 보호자에요. 지금 신의 천사가 동그란 공간을 들락거리며 지키고 있는 한 목숨앗이는 기다릴 수밖에 없을 거예요.

"메리 크리스마스 미스터 로버트." 20년이 넘는 단골 단골손님이에요. 얼마 전에도 늦은 밤 입원한 아내를 위해 양담요 한 장으로 피자를 둘둘 말아 절뚝거리며 갔어요. 내 손을 꼭 잡더니 먼저 피자 한 조각을 권하는 거예요.

### 로버트 씨의 공간 이야기

　인생의 스토리텔링이에요. 입원 한 달 전까지도 지팡이를 짚고 교회 성가대원으로 봉사한 이야기, 은퇴 후 오랫동안 이 요양원에서 봉사한 이야기 독일의 교향악단 단원으로 활약하고 있는 아들 내외 이야기, 하루 종일 손자들과 지낸 이야기 등등이에요. 가족들은 지금은 아내가 입원한 병원에서 밤을 지새울 것이라는 인생의 아름다운 이야기들이에요. 미스타 로버트 씨는 적막이 무섭고 두려워 나를 부른 거예요. "샘, 네가 20년 전 피자를 처음 우리 집으로 배달한 날은 성탄 트리가 휘황했었지. 우리 부부의 결혼 30주년 기념일이었지. 와인 한 잔과 피자 한 조각으로 '에스 이스트 굳(Es ist gut 좋다)'을 외쳤지. 오늘 밤 나와 피자 한 조각으로 마지막 축배를 해 주시게나." "그럼요." 나도 칸트를 흉내 내며 죽는 연습을 했어요. 소리를 쳤어요. "에스 이스트 굿." 그렇게 우리는 성스러운 제야의 추억을 나누었어요. 봉투에는 빨간 지폐 몇 장이 들어 있었어요.
　포플러 나무가 죽었나 봐요. 코르크에 귀를 파묻었어요. 따뜻해요. 스르르 잠이 와요. '졸면 안 돼.' 나이테 만드느라 왁자지껄한 소란 속에서 여린 소리가 들렸어요. 어머니의 소리에요. '어머니가 살아 계셨구나.' 따뜻한 음성 어머니의 옹근 얼굴도 일그러졌어요.
　정월이에요. 로버트 씨의 아내가 부고장을 들고 가게로 찾아왔어요. 이미 장례식은 끝났고 제야의 이야기들이 그대로 적혀 있었어요. 새해에도 신나게 춤을 출 거예요. 영혼을 깨울 거예요.

## 혁신…, 위대한 교민의 승리

오늘은 41년의 전통 캘거리한인회의 선도적인 변화의 위대함을 전 세계 한인 동포들에게 다시 한번 선언하는 날이다. 매우 추운 날씨에도 불구하고 주차 공간을 찾지 못해 발길을 돌린 교민들을 제외하고도 80여 명의 교민들이 한인회 총회 회의장에 운집했다. 서정진 한인회장이 2년 전 취임 일성에서 '변화와 세대교체'를 주창한 이래로 지속적인 변화의 운동이 열매를 맺은 날이다.

지난 11월 서울에서 개최된 세계한인회장 대회에서 발표한 한인회 모범운영사례 발표에서 우수한 성적으로 세계 5대 모범사례 한인회로 선정되어 교민들의 자긍심을 드높인 것이 엊그제였는데 오늘 그 여세를 몰아 감격의 위대한 청사진을 다시 한번 제시한 날이다.

지난 12월 7일(토) 오전 11시 정각, 캘거리한인회 정기총회 및 제44대 신임 회장 선출을 위한 모임이 한인회관에서 열렸다. 연회비를 납부한 80여 명의 회원 중 50대 이상이 45명이 넘었고, 70세 이상 90에 이른 노인들도 20여 명 참석할 정도로 교민 초유의 관심이 집중되었다.

단독 출마가 아니다. 내가 알고 있는 한, 이미 출마 준비 중인 중진의 교민 몇 명이 스스로 입후보 등록을 포기했다. 서정진 회장도 같은 생각이리라. 그들은 변화와 개혁을 더 원했기 때문일 것이다. 200,000만 불이 넘는 새해 예산안 등 모든 안건들이 심의 통과되고 단독 출마한 구 동현 회장 후보의 신임 여부를 묻는 비밀 투표가 있었다.

투표 직전 후보자의 소견 발표가 이어진 후, 첫 대면이었다. 이름조차도 생소했다. '마이크를 잡은 저 청년이 구동현 후보구나.' 기억을 더듬는 순간 한인회를 위해서 오랜 기간 동안 열심히 봉사를 하던 모습이 떠올랐다.

소견 발표가 끝나고 투표가 시작되기 전, 나는 긴급 동의안으로 의사 진행 발언을 얻은 후, 보다 구체적인 신상 검증을 요청했다. 구 후보자의 나이 직업 등 현 생활과 직업 그리고 임원 구성들을 구체적으로 질문했다. 많은 분들이 구 후보자의 신임 투표에 부정적이었다. 너무 젊다는 것이 그 주된 이유다. '심의 통과가 어렵겠구나.'라 생각하고 3차례나 발언권을 얻어 집요한 질문으로 신상을 털었다.

막대한 예산과 20,000명의 한인 교민들의 봉사자로 나선 구동현(28세) 후보 캘거리에 거주한 지 8년이 되어가고 총각이지만 조만간 결혼을 준비하고 있는 젊은 사업가다. 공과대학을 졸업한 엔지니어 출신, 갖은 고생으로 지금은 두 개의 반듯한 자영업을 하고 있다. 차분하고 진솔한 설명으로 교민들의 마음이 움직였다.

찬반 개표 결과 찬성 56표, 반대 2표, 무효 3표로 당선이 선언되고 당선증이 수여됐다. 폐회가 선언되고 축하 인사를 건네면서 나는 개인적으로 절대 정직, 절대 투명, 그리고 끝까지 흔들림 없는 전력투구를 당부했다. 이사회 이사진 8명도 새로 선임됐다.

젊은 이사들과 경험이 많은 이사들이 새로 선임되어 안심이다. 이날 핀란드 총선에서는 신임 총리로 산나 마린(34세) 의원이 당선되었다. 이미 세계 각국에서는 30대 지도자들이 맹활약하고 있는 중이다. 뉴질랜드 저신다 아던 총리(37세), 아일랜드 버라드 커 총리(38세), 그리고 프랑스 에마뉘엘 마크롱(39세) 등이 이미 참신한 정치가로 부상하고 있지 않은가.

급속한 변화의 시대에 젊은 지도자들이 왜 요구되는가? 유례없는 젊은 이들의 취업난, 이민, 양극화, 출산, 부정부패 등 사회적 고질병은 기성 정치권의 낡은 생각과 해법으로는 해결할 수 없다는 사회 인식이 증폭되는 증거라고 신문은 전한다.

팔순의 조현주 박사는 신임 이사 출마의 변에서 연방 정부, 주 정부에서 800만 불의 예산 지원을 기필코 유치해서 새로운 회관 건축을 추진하겠다고 공약했다. 이런 어르신분들 앞에 서면 절로 머리가 숙여진다. 한인회 발전에 무사안일을 꿈꾸고, 뒤에서 집중적으로 유언비어를 퍼뜨리는 아주 극소수의 노인들, 이들은 이날도 입장하면서 '우리가 소속한 단체에서 찬조금을 냈으니 한인 회비를 안내도 된다.'는 괴변과 횡포에 주위의 눈살이 따갑다.

이런 분들은 노년에 판단력이 흐려짐 때문일까? 참석한 교민들의 마음이 바뀌어 젊은 구동현 회장을 선택했으리라. 우리는 신임 회장이 취임하면 최대한 예의를 갖추고 신임 집행부를 모두가 도와야 할 것이다. 그것은 우리 교민들의 의무요 책임이다. 한국을 비롯한 모든 세계 한인 교민들이 활동을 주목하기 때문이다.

## 예기 불안의 파도를 넘어

마지막 한 장 남은 달력을 향해 "애처롭구나."라고 속삭이니, 달력은 오히려 날 보고 "너무 초조해 마십시오."라며 가엾은 듯 걱정한다. 매일 서로를 쳐다보며 대화를 시작한 1년여의 세월도 이별의 순간이 가까워지며 불안의 그림자가 파도의 너울처럼 일어나기 시작한다. 희망의 새해를 기대하기보다는 세상의 걱정과 불안이 앞서간다.

몇 해 동안 병고로 인한 죽음의 불안이 스티커처럼 따라다녀, 용케도 피해 다녔다. 세월을 이긴 날들이 대견스러워 "12월이 오면 승리와 감사의 축배를 들리라." 다짐했었는데, 왠지 모를 불안의 기운이 다시 엄습해 오며 점점 나약의 나락으로 빠져들려고 한다. 정신과 의사가 흔히 인용하는 '예기 불안(豫期 不安)'의 일종이거나 스스로 다독거려도 불안은 가실 줄 모른다.

불안은 마음에 걱정스러운 마음들이 쌓이면서 마음이 편치 못해 생기는 현상이라, 가난한 마음으로 넉넉한 삶을 사는 훈련이 잘 된 내가 행복을 이고 사는 것 같은데도 오는 새해가 불안하다.

불안은 나의 삶이 활발하게 살아있다는 증거로 담담하게 맞아들여야 할 익숙한 손님이다. '병적 불안'이 아니고 일상에서 매일 경험하는 정상적인 불안이다. 자율 신경계가 고장 날 정도의 불안 발작이 아니다. 그저 수없이 스쳐 지나가는 만성적인 걱정 불안이다. 현대의 불안 발작은 약물 치료로 쉽게 치유되지만 '예기 불안'은 굳건한 자신을 신뢰하는 의지와 건전한 인문학적 생활 철학이 없으면 치유가 쉽지 않다.

천진난만한 손자들을 볼 적마다 험한 세상을 어떻게 헤쳐 나갈지 소소한 걱정으로 시작되는 불안은 이웃과 나라, 미래 걱정까지 끝이 없다. 오랜 기간 병마와 싸우고 있는 매형과 누님의 건강이 걱정이다. 이제 누님은 나에게 어머니 같은 존재이기 때문이다. 친인척, 지인들의 병고(病苦)나 사고 소식을 들으면 가슴이 철커덕 내려앉으며 걱정과 불안이 앞선다. 이처럼 노년의 새로운 불안은 그칠 줄 모른다.

내가 만난 많은 앨버타 한인 동포들이 한국의 정세 불안, 앨버타 경제 불안의 이중고를 짊어진 채 새해를 맞아야 하는 불안 때문에 힘들어한다. 공통점은 진보 정치가들이 바꿔 놓은 '소득 분배 성장 포퓰리즘'의 늪에서 빠져나오지 못하고 새해에는 더 허우적거릴 것이라는 예단 때문이다. 어느 은퇴한 회계사가 자택에서 스몰 비즈니스 파산 전문 업무를 계속하고 있는데, 지난주 자택 사무실에서 만났다. 늘 말끔하던 책상이 산더미 같은 서류로 지저분하다.

요즈음 한국을 방문한 지인들이 인사차 가게를 방문하는 횟수가 늘어간다. 몇 년 전만 하더라도 '자기 주위에는 모두 잘 사는 사람들로 북적거린다.'고 이구동성으로 이야기하던 분들이, '지금은 한국의 경제 상황이 매우 심각하다.'는 이야기들을 서슴지 않고 전한다. 늦은 밤에 아직도 큰 기업을 경영하며 승승장구하고 있다는 친구로부터 전화가 왔다. 경기도 안산 공단 안에는 15,000여 공장이 상주하고 있는데, 삼성전자가 베트남에 공장을 지은 이후로 매일 10여 개 이상의 공장들이 문을 닫는다고 한다. 자기도 더 이상 버틸 힘이 없다고 하소연하며 이민 이야기를 꺼낸다.

한국과 앨버타 정부가 진보정권으로 탈바꿈한 후, 최저임금 인상으로 고통받는 시련은 엄청나다. 한국이나 앨버타 주정부가 아포리아 시대로 접어들었다고 한다. 새해 희망보다는 절망으로 점철된 현실이, 막막하고 답이 없다는 말들을 자주 듣는다. '아포리아', 더 이상 나아갈 길이 막혀 희망이 없다는 고대 그리스 철학 용어이다.

이 절망의 시대에 "나는 어떻게 살아야 하는가?" 새해가 밝기 전, 남들 탓하기 전에 나를 성찰한다. 인생의 길이 막혀 불안할 때 나는 인문학에 길을 찾고 해답과 위로를 받는다. 새벽 묵상 후, 키케로의 『노년에 관하여』란 책 한 권을 단숨에 읽고 난 후, 알랭 드 보통의 『불안』을 탐독하며 반나절 시간을 보냈다.

키케로의 『노년에 관하여』 중에서 키케로는 노년의 편견들을 조목조목 열거하며 반박하고 해답을 제시한다.

▶ 노년에 몸이 쇠약해져도 큰일을 할 수가 있다.
☞ 인생의 큰일이란 체력이나 민첩성이 있어야만 하는 것이 아니라 이성(명망력), 판단력에 의해 노인의 몫인 현명한 조언을 할 수 있다.

▶ 사랑의 봉사활동이나 농사일 등 꾸준한 활동으로 몸의 퇴화를 방지한다.
☞ 인간의 힘은 매사에 자기 힘에 맞도록 설계되어 있어서, 체력이 달

리는 것을 인정하되, 노년으로 갈수록 굴하지 않고 팽팽한 마음을 유지해야 한다.

▶ 노년의 쾌락 욕구 감퇴는 오히려 노년의 가장 큰 축복이다.
☛ 정신 계발이 활발해서 인간의 쾌락이 모든 행위의 기준이 아니라고 항변한다.

▶ 죽을 날이 가까워오는 것은 자연스러운 생명현상이나 영혼은 불멸한다는 자신감으로 노년을 맞이할 것.


알랭 드 보통 『불안』 중에서

▶ 삶이란 불안을 떨쳐내면 새로운 불안을 맞아들이고 또다시 그것을 펼쳐내는 과정의 연속이다. 불안이 생기는 원인을 '사랑 결핍', '속물근성', '기대', '능력주의', '불확실성' 다섯 가지로 분류하고 해결 방향을 제시한다. 철학, 예술, 정치, 기독교, 보헤미아 분야별로 나누어 그 해답을 찾고 있다. 고대 그리스 행복의 철학자 '에피쿠로스'를 자주 인용한다. 섹스, 돈. 명예가 인생의 행복을 가져다주는 궁극적인 요소는 아니라는 것을 깨닫고,
▶ 우정 : 진정한 우정의 친구로부터 나누는 사랑, 외로움을 극복하는 진정한 우정이 필요하다.
▶ 독립 : 모든 것으로부터의 자유가 필요하다. 주인의식을 갖고 직장

과 상사로부터의 자유로운 독립으로 일상이 시작되어야 한다.
▶ 생각 : 고요한 시간에 홀로 차분하게 명상의 시간을 많이 가지고 번잡한 시간에 일어난 불안의 요소들을 제거하고 새로운 충전이 필요하다.

그러면서 부와 돈과 명예의 불안을 넘어서 인생의 새로운 가치를 창조한다고 역설한다.

오늘도 불안의 파도가 밀려오면 필사적으로 파도를 타고 넘을 것이다. 갈수록 어려움과 힘든 일이 늘어나고, 상처가 많아도 스스로 치유해야만 한다. 갈수록 부족함이 많아도 최선을 다해 어깨를 쭉 펴고 걸을 것이다. 작고 사소한 일에서 참 행복이 있음을 깨닫는다. 얼굴의 주름이 늘어 걱정하는 불안보다는 마음의 주름을 펴는 연습을 하는 하루를 만들 것이다.

## 팬데믹 삶의 어두운 터널을 지나며

　COVID-19 팬데믹의 힘든 상황 속에서 두 번째 맞이하는 부활 주일 이른 아침이다. 실내가 텅 비어 있는 고요한 맥도널드 카페 한쪽 구석에서 커피 컵을 놓고 기도를 하고 있다. 아직도 건강한 숨을 쉬며 일할 수 있는 은총, 가족과 지인들의 안녕을 위해 기도한다.
　타자와 이웃에 대한 기도가 점점 늘어나는 것은 나의 성숙함을 넘어 비대면 시대에 내가 할 수 있는 안타까움의 절규인지도 모른다. 빼앗긴 공간의 회복, 어두운 밤의 터널을 지나려면 무소의 불처럼 혼자서 갈 수는 없다.

　어느 어두운 밤에 사랑에 타 할딱이며 좋을시고 행운이여
　알 이 없이 나왔노라 내 집은 이미 고요해지고⋯
　상서로운 이 밤중에 날 볼 이 없는 은밀한 속에
　빛도 없이 길잡이 없이 나도 아무것 못 보았노라.
　마음에 속 타는 불빛 밖엔⋯

　이 고요한 시간에 요즈음 애송하는 '십자가의 성 요한'의 시 「어두운

밤(The Dark Night)」을 떠올리며 기도는 계속된다.

지난주, 한 교회를 같이 섬겼던 지인의 남편이 안타까운 변고를 당해 별세했다는 슬픈 소식이 전해진다. 캘거리에 거주하며 샤스카추완에서 사업에 성공한 후, 좋은 새 사업처를 구해서 밴쿠버로 떠난다며 해맑은 인사를 하던 그분의 남편이 소소한 일 뒤처리를 위해 약속한 날짜를 지키느라 악천후의 일기예보에도 불구하고 어두운 눈길에서 사고를 당해 세상을 떠났다는 소식에 교인들과 지인들은 큰 슬픔에 잠겼다. 안 가도 될 일을. 훗날에 가도 될 일을, 가족들이 그렇게 만류했다는데….

"주님! 고인이 평소에 정의롭고 부지런한 선한 성품을 본받게 하소서. 유족들과 저희들이 어두운 밤을 지나는 동안 내내 지켜주시고 세상을 이기는 용기를 주소서."

작년에는 크리스마스 하루를 쉬고 식당 문을 열며 일을 했다. 견뎌낸 아내가 감사하고 도와준 아들이 흐뭇하다. 그러니 더 이상 무슨 소망과 감사가 필요한가? 오늘 하루가 최대의 축복이다. 죽음의 그림자가 점점 더 가까워 오기 때문이다. 가족의 건강한 것에 대한 감사, 힘든 상황을 견디며 건강하게 용케 이겨내는 지인들, 가슴이 찡하도록 고맙다.

부활의 새벽은 늘 우리에게 희망과 기쁨의 선물의 한아름 안겨주는, 환희의 아침이다. 부활의 위대한 능력으로 힘들고 가난했던 시절을 견디어 냈고, 힘든 이민의 삶도 잘 견디어 왔는데 믿음이 약한 탓인가, 기도가 끝나고 오늘 아침 일간 신문을 펴는 순간 이내 우울해진다.

'THINGS ARE GRIM.' '상황들이 암울하다.' 노련한 낸시 캘거리 시장이 부활 주일 아침에 시민들에게 침통한 표정으로 던진 화두다. 부활 주일 연휴를 기점으로 캐나다 COVID-19 감염자가 1,000,000명을 넘어섰다. 캘거리도 연일 1,100명의 감염 환자가 늘어난다. 낸시 시장은 더 늘어날 것을 경고한다. 브라질 변종 바이러스 전염병이 앨버타로 끊임없이 전파되고 있는 상황에 모두가 침통하다.

우리는 아직도 어둡고 긴 고통의 밤을 지나고 있는 것이다. WHO 팬데믹 호흡기성 바이러스에 관한 한 세계 제1의 전문가인 니키 신도(Nikki Shindo) 박사는 2개월 전 한 잡지 인터뷰에서 "변이 바이러스가 2주에 한 번씩 서서히 전파되고 있다고 했다. 지금까지 인류가 한 번도 경험해보지 못한 새로운 바이러스이기 때문에 면역력 제로인 상태에서 코로나19에 완전히 익숙해질 때까지 팬데믹 현상은 계속될 것이다."라고 했다.

고통의 시대에 삶은 녹록지 않다. 삶은 존재다. 그러나 존재는 언제나 나의 것을 벗어나서 존재하는 것, 삶은 내 마음대로 되지 않는다. 새로운 역병의 시대에 노년의 삶은 더욱 험난해져서 존재의 의심은 늘어만 간다.

나에 대한 나의 존재 신뢰가 필요하다. 존재에 대한 신앙을 품지 않으면 삶은 더 힘들고 어려워질 것이다. 노년 존재의 신앙이 없으면 하루도 기쁜 마음으로 살 수가 없을 것이다. 나는 나의 존재의 신앙은 그리스도의 길을 따라가는 것이라고 믿는다. 타자와 함께 더불어 어둠의 터널을 벗어나는 것이다. 이 어두운 밤을 헤쳐 나가는 지혜를 밝히는 존재의 신앙은 처절한 삶의 반복되는 의심의 시련 속에서 잉태한다.

러시아의 국민 시인 푸시킨의 「삶이 그대를 속일지라도」 시를 다시 읽는다.

삶이 그대를 속일지라도
슬퍼하거나 노여워하지 말라
슬픈 날은 참고 견디라
즐거운 날은 오고야 말리니
마음은 미래를 바라느니
현재는 한없이 우울한 것
모든 것 하염없이 사라지나
지나가 버린 것 그리움이 되나니

If by life you were deceived,
Don't be dismal, don't be wild!
In the day of grief, be mild,
Merry days will come, believe!
Heart is living in tomorrow,
Present is dejected here,
In a moment, passes sorrow
That which passes will be dear.

오후에 가게 뒷문을 여니 4월부터 매일 기다리던 GULL(갈매기) 두 마리가 부활주일에 첫 귀환했다. 우연의 일치인지 신기하다. 작년 4월부터 11월까지 갈매기와 애증의 시간과 사건의 이야기를 회고하면, 고통과 어둠의 긴 밤도 모두 지나가리라.

## 2023 캘거리 스탬피드 한인 퍼레이드

7월 7일은 캘거리한인회의 우수성을 캘거리 시민들에게 유감없이 발휘한 역사적인 날로 기억될 것입니다. 캘거리한인회 젊은 구동현 한인회장이 선두에서 이끄는 한인 스탬피드 퍼레이드 팀을 대표 심사위원 Ashley Callingbull 평가대로 '최고의 퍼레이드 팀(winner)'이라고 서슴없이 공개적으로 매스컴을 통해서 선언했기 때문입니다.

전혀 예측할 수 없었던 성적입니다. Korea의 위상은 한층 더 높아졌습니다. 한인 교민들의 자긍심을 드높여 준 한인 역사상 잊을 수 없는 쾌거로 기록될 것입니다. 수백만 명이 시청자가 TV 생중계로 지켜보고 있는, 북미에서 두 번째로 규모가 큰 행사입니다. 캘거리 100년 역사를 자랑하는 캘거리 스탬피드는 100여 개 팀이 퍼레이드에 참여하고 305,000명의 관중이 길 양쪽 퍼레이드 도로에서 관람했습니다.

한인 젊은이들이 주축이 된 80여 명의 행진 출연 팀은 행진하는 동안 지칠 줄 모르는 기백을 자랑했습니다. 구동현 회장은 선두와 후미를 바쁘게 오가며 우리 행렬을 격려했습니다. 젊음의 기백들입니다. 800여 마리의 말들이 퍼레이드에 참여한 가운데, 우리 대열의 앞 팀이 말을 탄 원주민 행렬이라 말의 배설물이 홍건했습니다. 수시로 청소하지만, 코를 진동했습니다. 그런데도 2시간여 동안의 한인 남녀 행진 대원들의 자세는 시종일관 흐트러짐이 없었습니다.

승리의 퍼레이드는 캘거리한인회와 캘거리여성회(회장 김경숙)의 회원들이 뭉쳐서 이룩한 융합의 합작품입니다. 두 한인 단체의 노련하고 절묘한 collaboration입니다. 선두에는 캘거리한인회의 현수막을 필두로 두 대의 오픈카가 뒤따랐습니다. 김경숙 여성회장과 한인 소녀가 곱게 한복으로 단장하고 우아한 세단에 탑승했고, 저는 한인회장의 즉석 배려로 1943년에 제작된 WILLYX jeep에 타고 퍼레이드에 참여했습니다.

바로 뒤에 풍물놀이 패들이, 뒤따라 한복의 부채춤 무용단, 태권도 무술단, 수시로 연기를 피우며 매스컴의 주목을 받은 목제 거북선이 뒤따르는 형형색색의 긴 행렬입니다. 귀가 찢어질 정도로 끊임없이 두드리는 북과 꽹과리 징 소리는 음양으로 표현하면 꽹과리는 하늘의 소리, 북은 땅의 소리입니다. 하늘과 땅의 소리가 요란하게 울릴 때마다 고층 빌딩 벽들이 반향 하며 여백을 채우면 청중들은 예외 없이 열광적으로 환호합니다. 부채들이 원을 그리며 춤출 때마다 관중들은 영락없이 '우~우~'하며 탄성을 연발합니다.

저도 처음에는 한 손을 들어 환호에 답하다가 두 팔을 번쩍 들고 좌우로 춤추듯, 덩실덩실 양손을 흔들면 관중들도 따라서 양손을 흔들며 화답하고, 어떤 어린이들은 맞춤으로 화답합니다. 낯익은 한국 교민들도 환호했습니다.

저는 지난달 한인회관에서 열린 한인회 주최 노인회 경로잔치에서 한인회가 스탬피드 참가를 결정하고 한인회가 지불한 20,000불의 거북선을 제작한 배경을 들었습니다. 그리고 80여 명의 한인 교민이 퍼레이드에 참여한다고 홍보했습니다.

'어떻게 하면 노년에 도움이 될 수 있을까.'란 고심 끝에 선두 퍼레이드 현수막 팀에 참가를 신청했습니다. 며칠 후에 간신히 참가 통보를 받았습니다. 참가자 각자는 단체 건강 보험에 가입해야 하는 조건이 있어 평소에 두 배가 넘는 거리를 걷기 연습도 하고 근육운동도 열심히 했습니다. 보답으로 80명분의 피자를 만들어 행사 당일 새벽 5시 30분, 다운타운 거북선 보관 장소에 도착했습니다.

9Ave 길 양쪽 연도에는 개인용 간이의자가 벌써 즐비하고, 독서로 시간을 보내는 사람도 있었습니다. 6시 이후에는 다운타운 진입 차량을 통제한다는 소식에 허겁지겁 도착했습니다.

까다로운 조건 때문에 퍼레이드 전시물은 주최 측에서 지정해 준 제작소 몇 곳에 의뢰해야 한다는 부수 조항이 있어서 거북선 옆의 꽃으로 장식된 제작비를 물으니 50만 불을 넘게 지불했다고 귀띔합니다.

퍼레이드가 끝나고 9Ave 철교 넘어 주차장으로 가는데, 앞의 두 한인 청년이 피자 한 판을 들고 먹으면서 걸어가고 있었습니다. "이것 먹고는 간의 기별도 안 가니 아침 먹으러 가자." 힘들었지만, 감사로 물들인 복된 오전 한나절이었습니다.

# 제5부
## 누이여, 사랑하는 누이여!

## 누이여, 사랑하는 누이여!

　12월 초하루 화창한 날씨입니다. 커피점 창가에서 모처럼 혼자만의 망중유한입니다. 진한 커피 향이 입가에 오래 머물며 그리움의 여운을 몰고 오더니, 온몸에서 가실 줄을 모릅니다. 그리움의 향기가 또 다른 향을 피우고 잉태하며 회귀하고 있습니다. 누이가 초등학교 저학년 시절 노래를 잘하는 덕분으로 '오늘 모여 찬송함은 형제자매 즐거움… / 신랑신부 이 두 사람 한 몸 되기 원하며…'라 불렀던 찬송가를 결혼식에서 몇 번인가 축가로 불렀던 고운 목소리가 그대로 귓전을 타고 들립니다. 햇살의 열기 때문인지, 따사했던 그리움의 체온 때문인지 왠지 주절 없는 눈물이 고이기 시작합니다. 이제 누이에게 편지를 쓰지 않고는 견딜 수가 없습니다. 이민 생활의 삶이 20여 년이 지났지만, 아직도 매우 힘들고 버겁습니다. 삶의 업보라고 생각하기엔 너무나 가혹합니다.
　40대 중반을 훌쩍 넘긴 나이에 가족 이민을 결심한 사실을 안 누이의 원성이 지금도 귀에 생생합니다. "오빠 있는 돈 가지고 먹고 살지. 뭐 하러 이민 가." 직장을 퇴직하고 하던 사업도 여의치 않아 수중에 가진 재산이라곤 덜렁 아파트 한 채 밖에는 없어 당장 생활하기도 힘이 들었던 때였음을 이제야 고백합니다. 음악, 미술 등 예술 전공을 원하는 자녀들, 장

남의 중압감, 어디를 둘러보아도, 삶이 막막하던 시절이었습니다. 그때만 해도 이민을 가면 마치 죽음의 오지에 가는 것처럼 공항에선 가족 천지간엔 온통 울음바다의 광경을 종종 보곤 하던 시절이었으니, 가족들의 놀램과 형언할 수 없는 고통을 이제야 이해할 것 같습니다.

내가 떠난 자리엔 서울에 살던 누이가 부산의 누님을 대신해서 동생들, 병환의 어머니를 돌보느라 힘들었던 누이의 삶들이 마구 생각납니다. 그런 와중에서도 10년 터울인 서울대 철학과를 졸업한 매제와 지적 수준을 맞추려는 욕심 때문이었습니까? 쉰이 넘은 늦깎이 나이에 누이는 한국방송통신대학교를 졸업한 후, 붓글씨에 심취하고, 몇 차례 국가경연대회에서 대상을 받고는, 명동 도심의 백화점의 문화교실 서예지도 선생을 하면서 대학원 진학을 꿈꾸던 시절이었습니다. 동네 보수교단 큰 교회 권사로, 동분서주하며 초인적인 활동을 하던 해로 기억됩니다. 2000년 늦가을, 어머니의 병환이 위독하시다는 전갈에 가까스로 한국행 비행기 표를 구하고, 생전의 어머니를 만나야 하는 절박함 때문에 제정신이 아니었습니다. 서울역에서의 헐레벌떡한 만남이 이민 후 7년 만의 첫 만남이었습니다.

"오빠가 온다는 말에 엄마가 회복됐어. 그런데 오빠 옷차림이 그게 뭐야!" 화가 난 듯 만나자마자 쩌렁쩌렁한 목소리였습니다. 백화점으로 직행해서 여름, 겨울 양복 두 벌을 사 주면서 "오빠 옷 갈아입고 들어가자." 그제야 제정신의 말끔한 양복 차림으로 병상에서 기뻐하시는 어머니를 뵐 수 있었습니다. 바로 엊그제 같은데 노년의 애절한 그리움은 생생함의 기억으로 소생하는가 봅니다.

사랑하는 누이여! 나는 이듬해 그 겨울 양복을 세탁해서 2001년 12월 어머니 장례식, 2007년 7월 아들 결혼식, 2015년 6월 딸 결혼식에서는 여름 양복을 세탁해서 입었습니다. 가족 친지들이 궁상스러움에 안쓰러워했지만, 가족 경조사에 누이를 마음에 품지 않고는 참석할 수가 없었기 때문입니다.

　유방암으로 15년여 투병 중이라는 사실을 아들 결혼식 때 알았기 때문입니다. 그해 겨울, 나는 누이의 고통, 부산 누님의 병환 등이 나의 슬픔이 되어 의사가 유언장을 준비하라는 조언을 할 정도로 병원에서 호되게 우울증 병치레를 했습니다.

　그 후 몇 번의 서울방문 때마다 누이의 집에서 며칠씩 머무르곤 했는데 병색이 호전되는 듯 여전히 쩌렁쩌렁한 목소리를 만날 수 있었습니다. 깨끗하게 정돈된 컴퓨터 방에 식사며 빨래를 정성껏 대접받았지만, 마음이 찢어질 것만 아픔에 떠날 땐 버스정류장 한 모퉁이에서 남몰래 엉엉 울곤 했습니다. 금년 8월에 누이가 별세한 며칠 후 납골당에서 누이를 만나고, 부산 누님의 집에서 들었습니다. 인터넷 온라인 '성경 타자 쓰기'에 누님은 8번을, 누이는 11번의 신구약을 끝내고는, 그 아픈 몸으로 손위 매제의 백내장 수술과 허리 수술을 같이 따라다니며 완전히 치료하고 며칠 후 숨을 거두었다는 이야기, 오빠가 보고 싶다는 이야기, 다니던 교회 절친한 교인들조차도 죽음 직전까지 유방암의 병세를 전혀 몰랐다는 등의 사연을 밤늦도록 듣고는 가슴이 무척 아팠습니다.

　3년 전 만났을 때 "오빠, 나는 요즘 매일 새벽기도회는 20분을 걸어 다녀."라고 했던 누이입니다. 병고 중에도 남편을 존경받는 훌륭한 장로로 은퇴시키고 아들 결혼시켜 두 손자 손녀를 보고서야 숨을 거두었습니다. 육신은 비록 세상을 떠났지만, 영혼은 이 땅에 감동과 아름다움으로 부활해서 가족들, 친지들의 삶을 격려하고 보살피고 있음을 믿습니다.

　나의 사랑하는 누이여! 누님, 어머니 같은 누이여!

　부디 저 천국에서 편안히 계시게.


'누구든지 그리스도를 믿으면 새사람이 됩니다. 낡은 것은 사라지고 새 것이 나타났습니다.'

(고린도 후서 5장 17절)

# 넬리 신 하원의원 단상

넬리 신(Nelly Shin, 47세, 한국명 신윤주) 신임 당선자가 연방의회에서 가장 주목받는 초선 의원으로 급부상하고 있다. 당선 신화의 열풍은 캐나다 교민은 물론 정치를 지망하는 전 세계 한인 교민들에게 신선한 충격으로 희망과 용기를 안겨줄 것이다. 넬리의 하원의원 진출은 김연아 의원이 2008년 12월 총리 지명직으로 상원 의원에 진출하고, 2016년 조성준(83세, 토론토 시의원 8선) 의원이 온타리오 주의원 선거에서 50%가 넘는 압도적인 지지율로 재선된 후, 그해 6월 온타리오주 노동복지부 장관에 입각한 이래로, 캐나다 한인 정치사에 가장 길이 기록될 역사적 사건임에 틀림없다.

한인 일간신문 기록에 의하면 1988년 조성준 현 온주 노동복지부 장관이 첫 하원의원에 출마하여 낙마한 후, 실로 30여 년 만의 쾌거로 교민들의 소원 기도가 이루어진 것이다.

1993년 가을, 내가 이민온 첫해, 처음 출석한 침례교회 주일 예배에서 강단의 대표 기도자가 한국인 2세들의 주류사회 정치 진입을 위한 소원 기도가 얼마나 간절했던지 지금도 기억이 생생하다. 그 해에 캐나다 총선이 있었고, 밴쿠버 지역 하원의원 선거에 입후보한 유력한 후보 박광렬

후보가 낙선했다. 그 시절 캘거리 침례교회 담임목사이었던 윤지원 목사가 '선천성 소아 당뇨병에 대한 연구'로 세계적 권위자로 인정받아 노벨 의학상 후보로 추천된 시점이어서 캘거리 교민들이 주류사회 진출에 대한 관심이 유독 높았던 것 같았다.

그동안 몇몇 캐나다 교민들이 하원의원 진출을 꿈꾸며 도전장을 냈지만 높은 장벽에 막혀 번번이 실패했다. 백광열 씨는 BC주에서 세 차례나 자유당 후보로 출마했으나 번번이 좌절됐다. 2004년 온타리오주 조성준(무소속) 장관, 2008년 BC주 김연아(보수당) 상원 의원, 2008년 캘거리 김희성(자유당) 후보, 2009년 BC주 헬렌 장(장희수 녹색당) 후보, 2011년 BC 주 이근배(자유당) 후보, 2011년 BC주 김남윤(녹색당), 2011년 노스웨스트 준주 샌디 리(이승신, 보수당), 2015년 BC주 그레이스 시어(조은애, 보수당) 후보 등 한인사회 중요한 후보들이 줄줄이 낙선의 고배를 마셨다.

2019년은 한인 후보 약진의 해. 연방 총선에 온타리오주 이미숙(NDP), 윤다영(NDP), 이기석(보수당), 메이 제인 남(NDP), BC주 신철희(보수당) 은 5명의 한인 후보가 낙선했지만 근소한 차이로 2위에 머무른 후보들이 있어 희망을 갖게 됐다. 난공불락의 요새와도 같은 하원의원 진출의 벽이 무너지고 있는 것이다.

젊은 한인 2세들에게 희망의 선물을 안겨줬으니 넬리의 입성은 김연아 상원 의원과 함께 한국 교민 여성 시대의 본격적인 막이 오르며 새 희망의 역사를 다시 쓰고 있는 것이다. 넬리의 당선은 캐나다 한인 교민 정치사에서 30여 년 만에 이룬 쾌거이지만, 당선의 스토리텔링은 곱씹을수록

감동으로 다가온다

　지난 10월 21일 치러진 총선에서 BC주 포트무디 - 코퀴틀람 선거구 개표 실황은 시종일관 엎치락뒤치락 박빙의 승부, 종반 한동안 300여 표 차이로 벌어지며 뒤져가다 끝판에 1만 6,588표를 얻어 333표 차이로 터줏대감 시의원 보니타 자리를 누르고 극적인 역전승을 얻어냈다. 재검표로 153표로 표차가 줄어들기까지 전혀 마음을 놓을 수가 없었다. 자유당 새라 배다에 이 후보와 초반부터 서로가 30%의 고정 지분을 막판까지 유지하며 손에 땀을 쥐게 했던, 캐나다에서 가장 치열한 접전을 벌였던 곳이다.

　나는 선거 초반에 그 지역구에 사는 오래된 한국 지인 몇 분에게 전화로 지원을 부탁했다. 교회에서 복음성가를 부르며 간증의 기회를 부탁했다. 그의 감동적인 간증과 노래를 들었기 때문이다. 한마디로 냉담했다. 그 지역에서 많은 한국 교민이 출마했으나 번번이 실패했고 갑자기 토론토에서 낙하산 공천을 받은 생면부지의 인물을 지원한다는 것은 어불성설이라는 말과 함께 전혀 가망이 없다고 했다. 교회도 자유당, 보수당으로 갈라져 쉽게 기회를 줄 수가 없다는 것이다.

　넬리는 선교사로, 소외계층의 영적 지도자로, 명 설교가로 알려지고 있다. 한때 고등학교 교사로, 성악가, 복음성가 가수로의 평안한 길을 길을 접고 희망의 정치 지도자로서의 험난한 길을 선택한 것이다. 그런 신화적인 스토리텔링 못지않게 캐나다 교민이면 누구나 인정하는 캐나다 최고의 마당발 여성으로 각인된 신숙희 여사의 일화는 두고두고 우리의 교감이 될 것이다.

　무연고 지역, 당의 지원은커녕 온통 견제와 질시로 기댈 곳이라고는 전

무한 황무지에서 넬리의 어머니는 고령의 나이임에도 불구하고 선거 운동 기간 내내 선거구에서 짐을 풀고 뛰었다.

오랫동안 캐나다한인상위원회 위원장으로서 봉사하고, 현 캐나다한인상위원회 이사장으로 봉사하고 있는 신숙희 여사의 이번 선거기간 동안 전력투구하는 모습은 어머니로서 헌신적인 보살핌을 넘어 선거 참모로서 진정한 모습을 보여주었다. 내가 첫 번째 신문 칼럼 원고를 카톡으로 보내 주며 검토를 부탁했다. 넬리와 신 이사장은 오랫동안 전화로 문구 하나하나를 지적했다. 이것은 선거법에 저촉될 수가 있고 저것은 너무 과장된 사실이어서 문제가 될 수가 있다고 수정을 부탁했다. 준법정신이 매우 강하고 사실을 중요하게 생각하는 정치인의 느낌을 받았다. 20여 년간 운영 중인 토론토 최대 규모의 '에비뉴 꽃집' 운영 이야기는 너무나 유명하다. 선거가 끝나고 아직까지도 밴쿠버 지역구에서 후유증으로 요양, 병 치료 중이다. 몇 년 동안 다져온 토론토 구역에서 밀려나 청천벽력 같은 고통의 슬픔도 뒤로하고 밴쿠버 고난의 현장에서 발상을 바꾸었다.

5살 때 부모님을 따라 캐나다로 이주했다. 그 시절, 온간 인종차별과 고통을 상기하고 소외된 계층의 심정을 헤아리며 오랫동안 빈민가에서 함께 생활하며 봉사했다. 그런 불굴의 정신이 가가호호를 일일이 발로 뛰고 몇 번을 방문하며 전력투구했다. 주변에는 그를 신봉하는 지인들이 두툼한 벽을 형성하고 있다. 감동한 토론토 교민들이 밴쿠버로 내려와 선거운동원으로 내려와 봉사하다 선거가 끝나곤 바로 다음 날 돌아갔다. 가슴이 징하다.

나는 넬리 신 국회의원을 보며 희망의 캐나다, 한국 교민 미래를 생각한다. 앞으로 10년 후면 캐나다 여성 총리로서 우뚝 서 있을는지도 모른

▲ 넬리 신(Nelly Shin, 한국명 신윤주) 하원의원

다. 소수민족을 가장 잘 대변하고, 젊은이들의 교육전문가로서 그리고 영성이 풍부한 종교인으로서 자질을 두루 겸비한 정치인으로 성장하길 기도한다. 10년의 세월이란 눈 한번 껌벅이면 지나가는 세월을 알기 때문이다.

## 겨울의 길목, 시눅 바람

 겨울의 길목에 서면 마음이 분주해진다. 캘거리 겨울은 시눅 바람을 한 껏 이고 와서 향기를 뿜어내야 제격이다. 독특한 향취가 온 세상을 진동하면, 나는 비로소 겨울이 시작되는 참 맛과 멋을 느낀다. 어떤 이들은 '시눅 바람 불면 두통이 오고 혈압이 높아진다.'고 불평하는가 하면, '겨울 세찬 바람이 싫다'고 투덜댄다. 이럴 때 나는 물을 한 병을 쭉 들이켜는 지혜로 극복하고, 시눅에 온몸을 씻어내는 절호의 기회로 삼는다.
 캘거리 겨울이 겨울다운 것은 시눅 바람이 있기 때문이다. 일 년 사철 시눅 바람이 불어도, 겨울 시눅 외엔 강렬한 맛이 없다. 낙엽이 없어 싱겁게 짓궂은 훼방꾼 같다. 이럴 때면 나는 못 본 체 무심히 지나친다.
 시눅의 전령사이라라. 애오라지 하늘의 눈치를 보고 있다. 잿빛 먹구름이 하늘의 절반을 물감칠하듯 뿌려 놓으며 영하 8도의 추위가 한나절을 맴돈다. 해거름 녘 천상에서 노닐던 새털구름들의 황홀한 연출에 이끌리어 넋을 잃고 하염없이 바라보는 즐거움, 그 순간은 언제나 천국이었는데 오늘은 장막 뒤에 드리운 채 흔적이 없다.
 모색(暮色)이 짙어지며 로키 산마루 지붕이 뚫리기 시작한다. 입 벌린 조개껍데기처럼 아치형 사이로 맑은 하늘이 열리며 세찬 바람이 인다. 겨울의 길목에서 시눅은 낙엽들을 한곳으로 모이게 하더니 회오리 춤을 추게 한다. 그리고 진군을 시킨다.

나의 가게 뒷마당에서 낙엽 구르는 소리가 들려온다. 어느 때는 중공군의 인해전술처럼 '쏴~' 소리 내며 구르는가 하면, 억세게 운이 좋은 날엔 낙엽들은 일렬종대로 서서 또르르 구르는 것을 넋 나간 사람처럼 바라본다. 황금 옷 고운 빛으로 치장한 눈부신 모습에 금세 눈시울이 촉촉해진다. 정들었던 잎들이 낙엽 되어 마지막 가는 길, 양갓집 규수 같은 위엄으로 현란한 춤을 추며 이별을 고한다.

태평양 바닷속의 비릿한 것들이 로키산 침엽수와 놀이패가 되어 요란한 소리를 지르면 어느새 신의 따스한 입김이 눈더미를 녹이고 있다. 김장 양념 만들 듯 태평양 바다 젓갈 향이 침엽수 잎을 비벼서 빗어내는 이 신비로운 향기, 창조주의 체취다. 한밤중 나는 두 팔을 벌려 가슴을 활짝 편다. 한 해를 보내며 나도 춤을 추며 찌든 피부를 말끔히 씻어낸다.

신의 조화에 매료돼 26년 동안 이곳에 나를 동여매고 있다. 신(神)은 지구 서너 곳에 수눅 바람 수혜 도시를 창조하고, 해발 1,050m의 구릉 위 도시 캘거리를 축복했다. 겨우내 태평양 척척한 비구름 무리들을 로키산맥을 넘기 전에 다 쏟아놓게 하고 열기를 품은 마른 바람만 가볍게 산을 넘게 한다. 자유를 만난 바람은 산을 넘으며 춤을 추고 노래를 한다. 술에 취한 듯 광란의 추태로 괴롭히기도 한다. 때로는 자연의 광란이 아름다울 때도 있다. 영하 10도의 날씨가 하룻밤 사이에 영상 10도로 변한다. 광풍이 지나가면 제정신이 든 듯 며칠을 따스함과 고요함으로 함께 지내다 슬그머니 사라진다. 사죄하는 듯 발목의 적설 더미를 말끔히 치우고 떠나기를 어디 한두 번이던가.

70년생 포플러나무 곁에 나란히 서서 몰아치는 센 바람을 맞는다. 아흔이 넘은 가게 단골 노인은 애당초 쇼핑몰과 고등학교 사이에 철망을 설치하고 10년생 포플러나무 10그루를 담장 따라 심었다고 전해준다. 그중 네 그루가 사라지고 6그루가 200여 미터 철망을 따라 나란히 자라고 있다.

　폐부를 말끔히 씻어낸 맑은 마음으로 아름드리나무를 껴안으니 우듬지의 정수리가 보인다, 나무 밑을 살핀다. 밑동이 섞어 들어간다. 센 바랑이 불면 큰 나무가 금방 쓰러질 것 같다. 불현듯 포플러 나무의 수명이 백년을 못 간다는 말이 떠올라 주위를 꼼꼼하게 살핀다.

　이게 웬일인가? 달빛에 비늘도 없는 구렁이가 철망을 따라 나란히 기어가고 있다. 나무와 나무 사이의 중간 지점에서 머물며 자손 하나를 낳았다. 벌써 키를 넘었는데 이제야 눈에 들어온다. 그리고 새끼줄 꼬듯 사방을 뻗으며 고이고 있다. 햇빛에 못 보던 나무의 위엄을 달빛에 비로소 본 것이다. 푸른 잎에 가려 못 보던 나무의 정신, 참모습을 본 것이다. 정수리들이 하늘을 향해 감사의 기도를 드리고 있다. 나도 어느새 눈물을 뚝뚝 떨어뜨리며 겨울의 길목에서 참회의 기도를 시작하고 있다.

# No의 용기

　5년여 만의 한국 방문이다. 고국의 8월 초순은 유례없는 폭염이 기승을 부리고 있었다. 서울, 부산, 울산을 오르락내리락하는데 휴대전화기에서는 연신 폭염경보 방송이 흘러나온다. 짐을 들고 도심의 아스팔트 위를 걸어가면, 마치 용광로에서 열기를 뿜어내듯 더운 바람이 엄습한다. 온몸에서 땀이 줄줄 흐르며 손수건을 흥건히 적신다. 건조한 날씨의 캘거리에서는 전혀 경험해보지 못한 진풍경들이다.
　경기 침체로 인한 사회적, 정치적 혼란이 가중되면서 짧은 체류 기간이지만 사회의 흉흉한 기운이 곳곳에 스며들고 있는 것을 감지할 수 있었다. 친척과 친구를 만나거나 택시 기사와 나눈 많은 이야기, 오랫동안 다니던 옛 교회에서도 밝은 미래의 모습보다는 전과는 분명히 다른 비관적인 대화들과 표정들이다. 예배당에는 늙은이들로 가득 채워져 있었다. 그 많은 젊은이들은 어디로 간 것일까? 한국 사회의 모든 현상들이 담담한 체념과 함께 서서히 기울어 가며 활력을 잃어 가고 있는 것 같다.
　다시 만날 기약을 못 하는 이방인 노년의 슬픔 때문인가? 아침 한 끼를 제외하곤 줄 곳 지인들과 매번 외식을 했다. 젊은이, 남녀노소 두루 만났다. 저녁은 교통이 편리한 대학교 지하철역 부근 음식점, 주점에서 주로 만났다. 적폐 청산과 조국 법무부장관 후보에 대한 화제가 단연 선두로 많은 시간을 보냈다. 정치에 밝은 은퇴 기자는 보름이 지난 이제야 신문 방송에서 특보로 쏟아내는 비리 소식들을 깨알같이 이야기하며 울분을 토한다. 일부 지식인들이라면 미리 알고 있는, 널리 회자되며 증폭되고 있는 비밀 이야기들이었다. 식사하다가 술잔이 오가면 멀리 떨어져 있는 나그네라 말을 해도 별 부담이 없다는 듯, 동료 교수나 교인, 친구들 간에도 나누지 못한 이야기들을 서슴없이 토한다.

사회가 온통 쉬쉬하며 귓속말로 소곤거리는 사회로 변해가고 있는 듯하다. 잘못된 정치, 사회 정의 문제들에 대한 이야기들을 공개적으로 발언하면, 서로 보수 진보로 나누며 난도질당한다. 급기야 겁박을 당하거나 논쟁에 휘말리게 되고 분열이 시작된다. 침묵을 최선의 방법으로 생각을 하고 있는 것이다.

지금 우리는 NO라고 말하는 용기를 상실해가는 우울한 사회를 보고 있다. 죠지워신톤대학교 교수였던 제리 B, 하비(Jerry B. Harvey)의 애빌린의 역설(Abilene Paradox) 체험 이야기가 불현듯 떠오른다. 하비 교수는 인구 5,000여 명의 미국 작은 도시 Coliman 처갓집에서 쉬고 있었다. 8월 무더운 어느 날, 장인이 가족들에게 80km 떨어진 Abilene 큰 도시로 저녁을 먹으러 가자고 가볍게 제안한다. 아내는 괜찮은 생각이라고 찬성하고, 장모는 가 본 지도 오래됐으니 가보고 싶다고 했다. 하비 교수는 자기가 운전해야 하고, 차 안이 덥고, 도로 사정도 좋지 않아 달갑지 않으나 자기만 반대하는 것 같아 찬성했다. 4시간의 여행길은 먼지가 펄펄 날리고, 자동차 안은 덥고 카페 음식은 형편없었다. 사위가 장모에게 오늘 여행에 대해서 소감을 묻자, 집에 있고 싶었는데 다른 세 사람이 가자고 해서 따라나섰다고 대답했다. 아내도 남편이 좋아할 것 같아서 동의했다고 했다. 장인은 가족들이 덮고 지루할 것 같아 무심코 제안했다고 했다.

사회 심리학에서 자주 인용되는 에피소드이다. 모든 개개인은 자신의 느낌을 말하고 싶거나 욕망을 추구하고 싶지만, 사회적인 불이익이 주어질 것이란 두려움 때문에 공개적으로 '아니오(NO)'라고 말하는 용기를 두려워한다,

고대 서양 역사에서 NO를 말하는 부하의 이야기가 가슴으로 스며든다. 로마의 역사에서 우리에게 익숙한 카이사르 후임으로 그의 양자 아들 아우구스투스(본명 : 옥타비우스)가 초대 황제로 오른다. 기원전 27년~서기 14년까지 오랜 기간 통치했다.

아우구스투스는 로마 공화국 말기의 혼란한 내전을 수습하고 참신하고 새로운 제국 정신으로 로마를 다스려 유럽의 찬란한 역사 문화를 이룩하는데 크게 공헌하며, 후손에게 좋은 기억을 남겨준 황제이다. 그는 '아니오.'라 말하는 젊고 유능한 참모를 거느렸다.

아우구스투스 휘하에는 지략을 겸비한 마에케나스와 강직한 아그리파 두 젊은이가 있었다. 아우구스투스가 황제로 등극하기 전, 이전의 공화정에서 신제국을 건설할 무렵이었다. 참모들에게 조언을 구하며 연설을 하도록 했다. 마에케나스는 유창한 언변으로 아우구스투스가 왜 로마제국을 창건해야 하는지를 역설하며 국민을 선동했다.

아그리파가 연설대에 올랐다. "아우구스투스여, 황제가 되지 말라고 해도 놀라지 마십시오. 황제가 되신다면 나에게는 큰 행운이지만 저는 반대합니다. 황제로서의 통치보다는 민주 정치가 더 훌륭한 체제란 것을 그리스 역사가 보여줍니다. 개인이 강력한 권력을 쥐고 휘두르면 백성은 좌절

할 것이고 행복과 기쁨이 사라질 것입니다." 역린(逆鱗)을 건드리는 아슬한 발언이다. 그의 야심을 누그러뜨리는 서슴없는 충언이다. 그러나 보다 흥미로운 대목은 아우구스투스 황제의 '관용의 통치' 자세이다. 아그라피의 연설을 경청한 후 감동받아 자신의 외동딸 율리아와 결혼을 주선했다.

그 당시 로마인의 체구는 왜소해서 게르만 민족에 비할 바 못 되고, 그리스보다 열등한 후발 민족이라고 역사가는 기술한다. 페르시아 국가와 견줄 수 없는 보잘것없는 작은 반도 국가가 훌륭한 통치자 한 명과 소수 부하들의 청렴함과 강직함이 위대한 로마를 창건했다. 새로운 국가란 청빈하고 올바른 상식을 소유한 많은 정치 무리들이 근간을 형성할 때, 비로소 발현되는 것이다.

# 요즘 한국의 2030 세대

욜로의 시대가는 듯 소확행의 물결이 일고 있는 것 같다. 유행병처럼 번지는 소확행(小確幸)의 현장을 쉽게 만날 수 있었다. 작지만 확실한 행복의 꿈을 품고 사는 젊은이들, 미래보다는 현실 안주 정신의 현주소가 전염병처럼 널리 퍼져 있었다.

소확행의 용어는 무라카미 하루키의 1986년 수필집 『랑겔한스섬의 오후』에서 나오는, '갓 구운 빵을 손으로 찢어 먹는 것' '겨울밤 부스럭 소리를 내며 이불 속으로 들어오는 고양이의 감촉' '정결한 면 냄새가 풍기는 하얀 셔츠를 머리에서부터 뒤집어쓸 때의 기분' 이런 것들을 소확행이라고 표현했다.

오바마 대통령이 2016년 건강보험 개혁안 '오바마 케어'를 홍보하는 동영상에서 '욜로(YOLO : You Only Live Once)맨'의 용어를 사용했다. 한 번뿐인 인생-불투명한 미래를 위해 지금 행복을 희생하기보다는 현재 하고 싶은 것을 하고 후회 없이 즐기는 삶으로 의미가 변질된 것을 지칭한 것이다.

"지금은 청년들의 호주머니 사정이 좋습니다." 생맥줏집 넓은 홀에 가득 찬 젊은이들 틈에 유일하게 자리 잡은 우리 일행에게 건네는 지배인의 말이다. "정부에서 지급한 청년 실업 수당을 받은 젊은이들입니다." 일본 식당, 뷔페식당에도 젊은이들로 북적댄다. 방송에서 본 반일 감정 따위는 아랑곳하지 않는다. 미래의 두려움에서 벗어나려는 듯 흥청망청 비틀거린다.

그러나 법무부장관 후보 조국 일가의 비리가 양파 껍질 벗겨내듯 연신 터지자 대학가 뜻있는 젊은 지성들이 들고일어나 '아니오'를 외쳤다. 미동도 않던 검찰이 관련자 자택들을 압수수색을 시작했다. 일부 유튜브 방송에서는 쇼라고 하지만, 젊은이들의 NO 함성에 반응을 시작한 것이다. 큰 실망 속에서 작은 한 줄기 희망의 빛을 본다.

## 가평지구전투

한국전쟁 가평지구전투를 기념하는 제68주년 기념식이 4월 27일 오후 1시 캘거리 한인회관에서 캐나다 한국참전용사, 한인회 중요 인사, 이사회, 한인회 임원들과 내빈 등 50여 명이 참석한 가운데 열렸다. 조촐한 모임이지만 매우 뜻깊고 조직적으로 잘 준비된 모임이었다.

"Today, I urge all Canadians to learn more about the Korean War and to articipate in activities being held to honour the veterans" - Prime Minister Justin Trudeau.(오늘 나는 모든 캐나다 사람들이 한국 전쟁에 대해 더 많은 것을 배울 것을 촉구하고, 참전용사들을 기리는 활동에 참가하기를 요청합니다 - 캐나다 총리 저스틴 트루도)

최근 트루도 수상의 연설문에서 밝혔듯이 캐나다 정부와 캐나다 국민들은 한국전쟁에 참전했던 역사적 사실을 매우 영예롭고 자랑스럽게 생각한다. 한동안 한국전쟁은 '충돌'이나 '정치적 행동' 등으로 캐나다 교과서에 표기한 탓인지, 국민들의 뇌리에서 점점 멀어져가는 듯했으나, 각고의 노력 끝에 2013년 6월, 캐나다 국회에서 '한국전쟁 참전용사의 날'로 제정했다.

이를 시발점으로 해마다 캐나다 전국 및 지방 단위 규모로 기념식을 확대 진행하고 있는 현상이 매우 다행스럽다.

오타와에 소재한 국립전쟁기념비 공원에는 가평지구전투를 기념해서 가평의 화강암 대리석으로 만든 기념비가 세계 제1차, 2차 대전 기념비와 함께 나란히 조성되어있다. 밴쿠버 지역, 에어드리 등 곳곳에 가평군에서 보낸 화강암으로 기념비가 세워지는가 하면 금년에는 가평지구전투 기념식이 한인 단체 등 교민들에 의해 주도하는 기념식도 늘어나고 있다.

6.25 전쟁 발발 당시 캐나다는 제2차 세계대전을 끝낸 직후라 평화 분위기로 들떠 있었다. 경제 등 내치에 골몰하고 있었으므로, 연이어 한국전에 뛰어들 수 없는 형국이었다. 그럼에도 불구하고 1950년 6월 30일 개회 중이던 하원의회는 유엔군의 파병을 지지하고 캐나다군 파병을 신속하게 만장일치로 통과시켰다. 한국전이 발발한 지 일주일이 채 못된 시점이다.

보병 1개 여단, 3척의 해군 구축함, 공군 수송기 1개 대대, 2만7천 명의 군인을 파견했다. 이는 그 당시 캐나다 군인의 50%, 절반의 병력을 파병했다고 한다. 이 규모는 파병 UN군 중 미국 영국에 이어 세 번째 큰 규모이다. 한국전에서 캐나다 군인 516명이 전사하고 16명은 행방불명이 되고 수많은 부상자가 속출했다. 캐나다 국민들과 장병들에게는 특별한 인연이 없었던 동방의 작은 나라 대한민국을 위해 자원 입대하고 전사한 장병들이 한국에 뼈를 묻은 것이다. 우리 교민들은 이 엄연한 역사적 사실을 잊지 않고 기념하며 계승 발전시켜야 한다.

그중에서도 가평지구전투에 대한 관심이 해마다 늘어 가는 것은, 연아 마틴 상원의원의 각별한 노력이 배어 있다. 2013년 연아 마틴 상원의원이 앞장서서 정전협정일인 7월 27일을 '한국전 참전용사의 날'로 지정하는 동시에 법정기념일로 제정했다. 캐나다 한인 교민 역사에 획기적으로 이룬 쾌거이다. 그 중심에 가평지구전투에서 승전한 역사적 기록이 있다.

밀고 밀리는 상황 속에서 중공군 춘계공세가 다시 시작됐다. 가평 전투는 1951년 4월 23 ~ 25일 3일간 호주, 뉴질랜드, 캐나다의 영국 연방 27보병 여단이 중공군 20군과 격전을 벌여 밤새 치열한 전투 끝에 진지를 사수하고 퇴각시킨 전투다. 이를 막지 못했으면 경춘 가도가 뚫리고 재탈환했던 서울이 다시 함락됐을 것이라고 역사가들이 기술하고 있다.

오른쪽 677고지에는 캐나다 프린세스 패트리샤 제2대대 병력 450명이, 왼쪽 고지에는 호주 3대대 병력, 그 사이 계곡 밑으로 뉴질랜드 포병부대가 진을 치고 있었다. 4월 25일, 병력의 40%가 전사를 해 전의를 상실한 호주군이 퇴각했다. 20분에 한 번씩 나팔을 불며 인해전술로 참호까지 밀고 올라오는 6,000여 명을 캐나다군 450여 명이 육탄전으로 방어하고 새벽에 중공군을 퇴각시킨 것이다.

밤이 새도록 계속된 방어에 힘이 겨운 캐나다군은 뉴질랜드 포병부대에 전투 위치를 알리고 포격을 요청했다. 참호 안에서 싸우는 자신들보다 엄폐물에 없는 인해전술 중공군의 피해가 더 클 것으로 예측했기 때문이다. 무전을 받고 주저하던 포병들이 포격을 시도했고 캐나다군의 작전대로 방어에 성공했다. 이날 전투에서 캐나다군 47명 전사하고 99명의 부상자를 냈다. 중공군 전사자는 여러 가지 기록들이 있으나 1,000에서 4,000명으로 추정하고 있다.(출처 : Canada, Korean War, Battle of Kapyang.)

6.25 전쟁은 1950년 6.25일 새벽 북한군이 선전포고 없이 기습 남침해 불과 3일 만에 서울을 함락시키고 7월 21일 대전, 7월 23일 광주, 7월 27

일 여수 순천을 함락시키는 등 낙동강 이남을 제외한 남한 전 구역이 순식간에 북한 괴뢰군의 수중에 넘어갔던 영원히 잊지 못할 뼈아픈 사건이다.

전전 세대인 나는 이날 기념식에서 애국가를 부를 때 울면서 불렀다. 나의 좌우 옆자리에 함께 서서 제창하던 문숙경 한인회이사회 부이사장, 노인회 이석철 선생이 의아해하며 어리둥절한 표정이었으나, 계속 눈물이 흐르는 것을 주체할 수가 없었다. 오랫동안 6.25 전쟁을 망각하고, 가평 전투는 더더욱 까마득하게 잊힌 사건으로 생각한 자신이 부끄러워 흘린 참회의 눈물이리라.

"살아있는 우리는 늙어가지만, 그들은 늙지 않을 것입니다. 그들을 늘 기억할 것입니다."

- 캐나다 참전용사 추모의 시 중에서

# 베토벤 합창곡 단상(斷想)

지난 4월 23일(토) 오후 8시, 'Ode to Joy : Beethoven's Ninth Symphony(Jack Singer Concert Hall)' 연주 공연은 오랫동안 나의 기억 속에 아름다운 추억으로 고이 간직될 것이다. 윤택한 생각을 만들어 내는 자신감으로 노년 인생의 환희보다는 진정한 자유가 그리워 고독할 때, 스스로를

삶을 추스르는 기회로 만들 수 있을 것 같다.

'Roberto Minczuk'가 지휘한 'Calgary Philharmonic Orchestra(CPO)'와 150여명의 'Calgary Philharmonic Chorus' 단원, 35명의 '캘거리한인합창단'이 함께 공연한 2부 순서 '베토벤 교향곡 9번 합창'에서 나는 '테너Ⅰ파트'의 단원으로 참석했다.

작년 늦가을, BEETHOVEN 'Symphony No.9 D minor, Op. 125' 독일어 가사 — 60페이지의 두툼한 악보집을 배부받고는 시작부터 두려움이 앞섰다. 독일어로 불러야 하고 곡이 매우 빠르고 고음 부분이 많아 걱정부터 앞섰다. 지난겨울 5개월 동안 매주 화요일 2시간여의 집중연습에 빠짐없이 참석했다. 발성 연습시간이 매우 중요하기 때문에, 시작 시간에 늦지 않으려고 눈길의 과속운전, 일하던 가게에서 아내 몰래 도망쳐 나온 아찔한 추억 등이 눈에 선하다.

특히 2개월 동안은 집에서 동영상을 보며 매주 배운 것을 복습했다. 기억력 감퇴로 고전하는 나로서는 적어도 200번이 훨씬 넘도록 합창 전곡을 따라하며 연습하며 마침내 가사와 합창 악보를 대부분 외웠다. 내가 지난 수개월 간 합창 교향곡에 심취, 뒤늦게 부산을 떨며 전력투구한 이유는 베토벤을 새롭게 접하고 난 후부터다.

그동안 매년 연말만 되면 전 세계의 관현악단들이 송년 음악회 단골 레퍼토리로, 해마다 일본 오사카와 히로시마의 대형 실내체육관에서 1,000 ~ 10,000여 명의 아마추어 단원들로 구성된 합창단들이 이 공연만을 위해 몇 달간 집중적으로 연습한다는 것 등의 흥미를 넘어 음표 하나하나를 마치 조각하듯, 깊은 고뇌 없이는 쉽게 음표를 그리지 않는 작곡가, 불우했던 유청년 시절의 처참한 고독 속의 삶 가운데서도, 늘 디오니소스적 긍정의 생각으로 삶을 극복하고, 자유를 꿈꾸던 베토벤의 소소한 전기들이, 나에게 삶의 활력소로, 새로운 노년의 힘으로 불현듯 다가왔기 때문이다.

"교향곡 9번 d단조"는 프리드리히 실러'의 시 「환희의 송」를 가사로 '루트비히 반 베토벤'이 청력을 완전히 상실한 상태에서 작곡한 마지막 교향곡이라 더욱 의미가 깊다. 1778년, 여덟 살의 어린 나이에 피아노 연주회를 가졌던 천재 소년에겐 애당초 운이라는 수식어가 없었다. 평생 독신으로 살면서 생계를 도맡아 꾸려야 하는 어린 가장으로, 주정뱅이 아버지처럼 살지 않겠다는 독백이 위대함을 발휘하는 원동력이 돼 있으리라. 간경화, 폐렴, 빈번한 복통, 청각장애 그리고 매우 불우한 가정환경에서 피할 수 없이 유발되는 우울증으로 죽음의 그림자가 항상 따라다니는 불행의 연속이었지만, 여타 불우한 천재 예술가들처럼 술주정뱅이로 전락하거나 스스로 죽음을 택하지 않는 구두쇠 가장으로 1827년 57세로 생을 마감했다.

'이 세상의 가혹한 현실이 엄하게 갈라놓았던 것들을
신비로운 그대의 힘으로 다시 결합시켜
모든 인간은 형제가 되고
당신의 온유한 날개가 머무는 곳으로…'

(베토벤 합창곡 중에서)

베토벤, 온갖 풍상과 고통 속에서도 '신비로운 그대처럼, 훨훨 벗어나는 '자유'를 꿈꾸었으리라. 환희의 송가는 자유의 송가 메타포, 은유인 것을 반복 연습 중에 깨달았다.

Tochter aus Elysium, (낙원의 여인들이여)
Freude, schöner Götterfunken (환희여, 아름다운 신들의 찬란함이여)

마지막 부분에 나는 감격에 겨워 온몸으로 힘차게 합창했다. 합창이 끝나고 김하나 지휘자가 오케스트라 지휘자의 안내로 합창단 지휘자 Timothy Shantz와 나란히 무대 중앙에 서자, 1,000여 명의 청중이 일제히 기립박수로 열광했다. 캘거리 한인 역사에 또 한 번 자랑스러운 기록을 남기는 날이다.

파트 연습 피아노 녹음파일을 직접 챙겨서 보내주고, 막바지 주중에는 개별 레슨도 서슴지 않고 시간을 할애하며 전력투구하던 김하나 지휘자의 모습이, 파트 연습을 시키느라 통증으로 손목이 퉁퉁 부은 박현미 반주자의 헌신적인 모습과 오버랩되며 순간적으로 눈시울이 뜨거워졌다. 우리 한인합창단을 이끄는 위대한 지도자들이다. 이분들의 실력과 헌신적 수고가 없었으면 전혀 불가능했을 것이다. 세계 어느 한인합창단도 지방자치단체 교향악단의 초청으로 적지 않은 출연료를 받으며 출연한 경우는 아직 검색하지 못했다.

1804년 위대한 철학자 임마누엘 칸트는, 죽기 직전 하인인 람페에게 포도주를 한 잔 청해 마시고는 "에스 이스트 굿(Es ist gut : 좋다)"을 읊으며 세상을 떠났지만, 물질적인 현실과 높은 이상을 지닌 체 삶의 품위를 잃지 않고 탁월한 균형감각을 지닌 베토벤은 한 출판업자가 베토벤에게 포도주 한 상자를 보내자, 친구인 안젤름 휘텐브렌너에게 속삭였다. "안타깝

네. 너무 늦었어!" "친구들이여, 박수를 쳐라. 연극은 끝났다. 하늘나라에서 들을 수 있겠지."라고 말했다고 한다.

어쩔 수 없는 운명 속에 살다 간 한 인간이 마지막까지 최선을 다해 살았으나, 끝내 이루지 못할 꿈을 접으니 연극은 끝났고 당신들이 할 일은 박수만 쳐도 된다는 어느 원로 음악교수의 해설에 덧붙여 "음악가 바흐는 철학자 데카르트 정도에 견줄 수 있지 않을까 싶고, 베토벤은 위대한 철학자 칸트와 헤겔을 합쳐 놓은 정도가 아닐까?" 생각한다.

## 만세삼창운동(萬歲三唱運動)의 힘

　만세! 만세! 만세! 올겨울 내내 아침 새벽에 만세삼창을 한다. 선잠 자는 아내가 깰세라, 화장실 문을 꼭 닫고 포르테시모로 외치면, 삶의 의욕들도 함께 깨어난다. 자석 봉으로 밤새 뻣뻣하게 굳어 아픈 손가락 마디마디를 문질러, 미세 혈관을 주무르면, 손이 부드러워진다. 손의 근육이 깨어나고, 통증이 사라진다. 주먹을 불끈 쥐고 하늘을 향해 손바닥을 편다.
　만세의 열기로 옷을 훌러덩 벗는 것이 습관이 됐다. 큰 거울 앞에서 신명 나는 춤을 추듯 운동이 한 시간여 진행된다. 신(神) 앞에서는 역시 춤을 추어야 제격이다. 하루도 거를 수 없다. 장애자 겸용의 특이한 화장실은 어지간한 방만한 크기라, 매트를 깔고 팔꿈치를 세차게 흔들면서 앞으로 뒤로 뛰며 빙글빙글 돈다. 양손에 5파운드의 아령으로 근육운동 체조를 하고 나면, 팔 굽혀 펴기, 팔 길이만 한 지압용 봉으로 배를 수십 회 문지른다.
　만세운동의 힘이다. 예전에 미처 경험하지 못했던 새로운 마음의 힘까지 가세하며 몸의 근육이 탱탱하게 살아 움직인다. 아침 손가락의 통증 때문에 진통제 한 알을 복용하던 습관에서 벗어나는 새로운 인생 경험에 아침이 상쾌하다.

'미겔 데 세르반테스' 소설의 주인공 '라 만차의 돈 키호테'처럼 변방 초야에 칩거하여 뒤늦게 독서에 심취, 생각에 골똘하고 제가 무슨 이달고(신사)인양 행세하느라 초래해진 몰골, 어정쩡한 생활로 세월만 낚은 지 다섯 해 만에 정신이 번쩍 든 것이다.

'인생 삼 막' 신중년을 체험하는 신시대의 용기도 만세삼창의 덕분이다. 하루를 여는 만세삼창의 힘으로, 내면을 여는 경이로운 체험들이 시작된다.

세밀한 음성들을 더듬어 찾아 만나고 듣는 훈련이 습관화됐다. 밤이면 하늘의 별들과 속삭이고 한밤중 비상등을 켜고 천천히 운전하며 달을 쳐다보면 둥근 달은 날 따라오다 집 앞에서 달도 멈추는 신비로운 밤기운에 눈물이 글썽인다.

아침이면 창가에 즐비한 반려식물들 — 포니테일 팜(Ponytail palm), 오키드(Orchid)가 아침 햇살을 머금은 채 먼저 말을 건넨다. '포니테일 팜'은 20여 년 전, 캘거리 맥클라우드, Walmart가 처음 개업한 수주 후, 새끼손가락보다도 더 작고 바짝 시들은 쪼그만 포니테일을 종업원이 쓰레기통에 버리려는 것을 가까스로 50센트에 딱 한 점 사들인 것으로, 그 시절 특이한 식물이었는데 지금은 어깨만한 높이에 지름 20cm가 넓은 둥근 뿌리 같은 물통 위로 자식을 세 명이나 피워 달고 다니는 기이한 식물로 성장했다.

오키드(orchid)는 지난 12월 31일 저녁 Rona 식물원에서 시들어 폐기 처분하려고 하는 것을 1개 값을 지불하고 10점을 사서 모두 꽃망울을 피웠으니 죽음 직전에 구해준 은인을 아는 것이리라. 평소엔 눈여겨보지 못한 하찮은 것들에게도 의미를 부여하며 교감의 정분을 쌓는 것도 만세운동의 힘 덕분이다.

두 팔을 하늘 높이 들고 만세를 부르면 회색빛 심장이 뚝뚝 떨어져 나간다. 온 힘이 다 빠져나가도 힘들다고 징징 울지 말고 만세를 부르면 몸에서 툭 소리를 내며 고통이 떨어져 나간다. 어떤 어둠도 만세를 부르는 사람을 좀먹을 순 없다.

만세를 부르면 힘이 나서 치욕도 살비듬처럼 뚝뚝 떨어져 나간다. 부패 박테리아도 에너지로 변한다.

(장영희 교수)

만세는 삶을 축복하고 기원한다. 승리의 기쁨에 도취되면 절로 나오는 함성이다. 중국 한나라 무제가 태산에서 제사를 지내면 신민이 따라 만세를 불렀고 고려 때까지만 해도 왕에게 만세를 불렀다. '삼일만세운동' 동양적이면서도 한국의 멋이 가득한 만세, 만세를 부르는 사회에 정의가 살아난다. 그래서 유관순 열사는 민족을 위해 만세를 부르고 목숨을 바쳤나 보다.

캐나다 만세!(만세!) 대한민국 만세!(만세!) 한인동포 만세!(만세!)

2월 27일 토요일 저녁 6시, 캘거리한인회가 주최하는 교민 초청 '삼일절 97주년 기념 기념식 및 음악제' 기념식 마지막 순서에서 우리 교민들은 만세삼창으로 우리 사회의 발전과 축복을 기원했다. 한국의 만세 문화에 감동한 듯 캐나다 자유당 소속 알리 에사시 하원의원은 지난 2월 25일 연방의회에서 '삼일만세운동'을 소개하면서 동료의원들의 기립박수 속에 한국말로 "대한민국만세"를 불렀다.

  내가 뒤늦게 아침 운동 전에 만세 삼창을 계속하는 의미는 하루를 열기 전 하늘을 향해 힘 있게 외치는 유일한 절규의 기회요, 나와 가족과 친척들을 위해 고통과 슬픔 속에 있는 지인들을 위한 만세의 아포리즘 때문이다. 살아 숨 쉬는 한 중단할 수 없으리라.

## 만둣국의 추억

모처럼 아침 밥상에 만둣국이 나왔다. 맑은 국물에 다진 파, 계란 고명을 얹고 김치가 곁들여진 단출한 식탁이다. 아내가 손자들을 얻은 후 한국 명절이 되면 잊지 않고 풍성하게 속을 만들어 장만하곤 하던 음식인데, 때아닌 아침 밥상 만둣국이라 무척 반갑다. 예년 같으면 소꼬리 뼈 우려낸 국물에 삶은 편육을 듬뿍 넣고, 잘게 썬 떡국도 넣어서 요란한 냄새를 풍기며 만든 명절 음식이지만, 오늘은 평소 만들어 둔 육수국물과 만년 조림간장으로 국물을 만들고, 여기에 먹다 남은 냉동만두로 끓여낸 음식이다. 담백하지만 집안의 깊은 내공이 깃든 사연의 음식이라 천천히 음미하며 옛 추억에 잠긴다.

나는 맑고 투명한 만둣국에 동동 뜨는 만두를 좋아한다. 이럴 때면 습관적으로 휘휘 젓는다. 만두를 숟가락으로 잘라 흩뜨려도 동동거린다. 만두 속이 풀어지지 않고 채 썬 파와 계란 고명, 떨어져 나간 만두피와 어울려 물 위에서 두둥실 춤을 추는 모습이 좋다. 6.25 전쟁 피난민 시절, 국제시장 노상 좌판의 만두국밥, 어머니의 만둣국, 아내의 만둣국과 함께 '원산할머니만두집'들이 아우러지며 둥실거린다.

기쁘고 즐거웠던 것, 처절한 아픔, 고통들을 노년에 휘이휘이 저어보면 아름다움으로 승화되고 저마다의 품었던 향기를 비로소 발산하는 것도 노년이라, 훠이 춤을 추어야 한다. 거룩한 위엄보다는 무아의 춤에 생기와 힘이 솟구친다. 잔잔하고 투명한 육수 위로 지난 우리 가족 인생사의 한 단면들도 따라서 춤을 춘다. 춤을 춘다는 것은 지나간 인고(忍苦)의 생애를 넘어서서 맛보는 기쁨의 축제 같은 것이리라.

만두가 국물 위에 동동거리는 모습은 같으나 수저에 잘린 속은 맛은 제각각이다. 피난 시절 어머니의 만두와 국제시장 만두는 돼지비계, 두부, 숙주나물은 같은 재료지만, 어머니의 만두는 늘 구수한 맛을 지니는 독특한 맛이다. 아내의 것은 소고기와 돼지고기의 비계를 제외한 순 살코기를 으깨고 묶은 김치를 넣는 담백한 맛이다.

부모님은 나를 초등학교 입학 직전의 나이인 데도 지리에 밝다는 이유로 국제시장 PX물품 노점상 배달을 시켰다. 껌, 머릿기름 등 도매 품목을 어깨 가방에 잔뜩 넣고는 배달을 했다. 모두 불법적인 상품들이다. 순찰 중인 미군 헌병의 검색에 걸리면 빼앗기고 헌병 차에 끌려가던 시절이다. 연막탄에 눈물범벅인 채로 골목 구석에서 헌병들이 사라지기를 기다렸다가 잽싸게 배달해 주다 보면 반나절이 넘어서야 끝이 나곤 했다.

아버지에게 주린 배를 하소연하면 으레 부근의 만둣국 밥집으로 데리고 가셨다. 만둣국에 밥을 말아먹곤 했는데 어린 나이에 한 그릇을 후딱 먹어 치우는 기쁨이 있어 한동안 열심히 배달을 했다. 돼지비계로 기름 범벅의 국밥인데 지금도 잊을 수 없는 추억의 맛이다.

어머니의 만둣국은 사뭇 다르다. 농사로 짜낸 들기름과 부추, 직접 만드신 손두부가 어우러진 구수한 맛이다. 명절에 집을 찾으면 손수 기르시던 닭, 토끼들을 잡았다. 삶은 고기를 썰어 넣은 말간 국물의 만둣국 맛이 일품이다. 양념한 야생 더덕, 송이버섯을 방안의 질화로 석쇠에서 연신 구워내시느라 방안의 연기를 뒤집어쓰며 함께 먹던 추억의 음식 맛이다.

아내의 만둣국 솜씨는 어머니의 맛을 이어받더니 요리 솜씨가 일취월장했다. 1987년 5월, 신세계 백화점이 주최하는 '제1회 아빠자랑 전국 요리대회'에서 '우럭매운탕'으로 대상을 수상했다. 전국에서 예선에서 선발된 남편들의 요리 경연장에서 돌솥에 아내가 몰래 만들어 건네진 양념장 덕분에 평생의 잊을 수 없는 영광을 차지했다. 국내에서 처음 실시되는 아빠들의 요리 경연장이라 그날 중요 TV, 라디오, 여성잡지, 신문사 기자들의 취재 열기가 뜨거웠다. 하루가 멀다 하고 방송국에 출연하고, 여성 잡지에 인터뷰를 했다. 방송 신문 잡지에 소개되며 유명세를 타기 시작했다. 언젠가 KBS TV '멋 자랑 맛 자랑' 명절 요리 만두 만들기 프로그램에 우리 가족이 출연했다. 명절 전날 내가 퇴근해서 집에 도착하면 가족이 준비한 재료로 만두를 빚고 가족이 담소하며 식사하는 25분 분량의 방송에 소개되고는 욕심이 생겼다.

PD들의 권유로 집 인근 목동 오거리 뒷골목에 '원산할머니만두집'을 개업했다. 이것 때문에 갑자기 회사를 그만두고 받은 퇴직금을 전부 투자했다. 음식점 경험이 없어서 아내가 이른 새벽 집에서 만두 속을 만들면 가게에서 여럿이 빚곤 했다. 점심에 벌써 만두가 다 팔려 저녁의 주재료인 만두전골을 만들 기력과 여력이 없었다. 모두가 지쳐 있었다. 한 주일이 지나고 음식점 문을 닫았다. 나는 10여 일 만에 문을 닫은 것 같은데, 아내는 1주일 만에 한식점으로 변경했다고 했다. 주방장, 찬모, 홀 종업원을 새로 고용하고 갈빗집으로 힘겨운 1년을 운영했다. 지금 생각하면 무모하고 아찔한 순간들이다. 이처럼 처절한 삶의 굴곡을 경험하지 못했더라면

24년의 긴 세월을, 아직도 묵묵히 운영하는 피자 가게를 지탱할 힘이 없었으리라.

사랑하는 아내에게, 이렇듯 지나간 소중한 순간들에 감사하며 두보의 시를 읊는다.

인생칠십고래희(人生七十古來稀)
인생살이 칠십 년, 예부터 드문 일이라는데…
잠시상상막상위(暫時相賞莫相違)
잠시나마 서로 어긋나지 말고 봄의 기쁨을 나누지요.

## 젊은 로빈새의 자존심

　나는 동물 중에서 야생의 새들을 좋아한다. 학창 시절에는 뻐꾸기를 좋아해서 앞산 밤나무골에서 '뻐꾹뻐꾹'하며 뻐꾸기가 울음을 울면, 공부방 창문을 활짝 열고 처량한 울음을 그칠 때까지 넋을 잃고 귀를 쫑긋하곤 했다. 이민 생활을 시작하면서 까치와 캐나다 기러기, 로빈새를 사랑하게 되고, 그중에서도 딱새(thrush)과의 아메리칸 로빈새(Turdus migratorius)를 가장 사랑한다.
　작은 애완견과 애완용 새를 키운 시절이 있었다. 한동안 수놈 십자매가 새장 횃대에서 '삐리릭, 삐리릭.' 우는 소리가 아름다워 키우며 오랫동안 기억에 머물곤 했다. 부모님이 이주해서 기거하시던 강원도 의암댐 신골 골짜기에도 형형색색의 기이한 새들이 많았지만, 세파에 시달린 탓인지 얼핏 스쳐 가는 바람처럼 무심이 지나쳤고, 언젠가는 천연기념물인 딱따구리의 나무 구멍 파는 모습을 사진에 담아 서울의 대학에 제공했더니 해당학과 학생들이 이 산 일대를 뒤지며 난리법석을 피워도 나는 그저 무덤덤한 표정이었다.
　캘거리로 이민 정착을 하고 어머니가 돌아가신 이후 나는 장남으로의 죄책감 때문에 한동안 우울증에 시달려 며칠간 입원하기도 하고 약물치료

를 하기도 했지만, 병세가 고만고만 별다른 차이가 없어서 묵정밭을 일구며 제법 큼직한 텃밭 농사를 시작했다. 가게가 오후 4시에 문을 열기 때문에 이른 아침 새벽부터 집 뜰에서 한나절을 보내곤 했다. 잔디를 깎으면 기계로 두서너 시간은 후딱 지나가고 하니 제법 큰 뜰이다.

집 주위에 오목조목한 화단을 4개나 만들고 집 옆에 2개의 텃밭을 일구었다. 갖가지 열매 맺는 정원수와 라일락 나무들, 꽃들로 장식하고 깻잎, 더덕, 부추 농사를 시작했다. 이웃의 친지들이 수시로 들락거리며 서리를 해가도 언제나 남아돌았다. 여분의 자투리땅에는 코스모스가 만발했으니, 건조한 캘거리에서 물 대기 비용을 감당하는 일은 결코 쉬운 일이 아니다. 물을 주면 지렁이들이 스멀스멀 기어 나오고 비 오는 날 잔디밭에는 고개들을 빠끔히 내밀며 춤추는 모습들에 감탄을 하며 심신을 달랜다.

지금 생각하니 영리한 로빈새가 이런 천혜의 서식 장소를 놓칠 리가 없다. 2층 데크(deck) 처마 밑에 둥지를 틀고 10여 년 이상을 한 해도 빠짐없이 찾아 들며 번식을 하는 통에 아침이면 주위가 온통 로빈새의 노래가 새벽을 가르고 라일락 향기에 실려 정원의 꽃잎들을 흔들어 대는 모습이 가관이다.

새총을 만들어 고양이가 접근하면 쏘아댔다. 그 많던 야생 고양이가 기겁을 하고 얼씬도 못하고 얌체 같은 참새, 까마귀, 까치들이 로빈새 입에 가득하게 문 지렁이들을 빼앗아 먹으려고 달려드는 모습을 보고는 새총으로 얼씬도 못하게 했다. 늙은 로빈새가 죽으면 정원에 묻고 작은 비석을 세워줬다. 수많은 인연의 체험의 이야기는 끝이 없지만, 순간의 기억들을 잊을세라 아직도 회고에 여념이 없다.

로빈새가 똥을 싼 자리 밑에 찔레나무가 자라기 시작하자 흥부 놀부의 제비가 물어다 준 '박씨 이야기'가 생각나 새순을 싹둑 잘라 물에 씻어 먹고, 열매를 맺으면 얼른 입에 한 움큼 물곤 했다. 제비나 로빈새가 같은 딱새과의 철새라 굳게 믿고 있기 때문이다. 문득문득 천국이 이랬으면 좋겠다는 생각이 들곤 했다.

나의 병세가 감쪽같이 사라졌으니 집에 대한 애착이 대단했다. 며느리가 첫 손자를 낳아 집이 비좁아지고, 아내나 주위의 친지들이 이사를 간청해도 귀를 막고 10여 년을 꿈쩍도 하지 않았다. 그러던 어느 날 손자가 침대에서 떨어지는 것을 보고 새로 지은 큼직한 집으로 이사를 했다.

새 동네여서 그런지 주위에 로빈새 노래를 들을 수 없었다. 이듬해부터 뒷마당의 뚝방에 계단밭을 일구었다. 블루베리, 체리, 들장미를 심고 야채

밭을 만들고는 열심히 물을 주는데도 로빈새가 힐끔 쳐다볼 뿐 좀처럼 정을 주지 않는다. 들쥐 때문에 오른쪽 옆집 노인이 고양이를 놓아 키우는데 늘 내 집 뒷마당을 차지하고 있어 몰래 새총 질을 여러 번 했더니 그해엔 얼씬도 하지 않았다.

몇 해가 지나서 왼쪽 옆집이 이사를 가고 오랫동안 집을 비운 사이에 로빈새가 테크 처마 밑에 둥지를 틀었다. 담장이 철조망으로 설치되어서 매일 관찰하던 중 강풍에 새끼 두 마리가 떨어졌다. 어미가 없는 사이 몰래 둥지로 넣어 주다가 그만 들키고 말았다. 한 마리만 넣어 주고 자리를 피했는데 며칠 동안 나만 보면 따라다니며 머리를 쪼려고 하는 통에 얼씬도 못 했다.

다음 해 봄이 오자 드디어 우리 집에도 현관 처마 밑에 아주 젊은 로빈새 수놈 한 마리가 집을 짓기 시작했다. 며칠이면 끝낼 집 짓기가 두 주간을 지나도 끝이 나지 않는다. 처마 끝이 가파르기 때문에 바람에 지푸라기가 계속 떨어져 나간다. 아내가 아침마다 현관문 앞을 청소하느라 불평이 대단해, 옛집에서의 경험을 되살려 현관에 물과 지푸라기 그리고 흙을 놓아두었다. 전혀 이용하지 않는다. 암놈이 가끔 찾아와 지도를 하는데도 막무가내인 것으로 보아 집 짓기 경험이 전혀 없는 것 같았다. 암놈은 지도만 하고 일은 하지 않는 습성이 있다.

어느 날 안쓰러워 막대기를 둥지 밑에 슬며시 밀어 넣어두었다. 그리고 창문 너머로 오랫동안 관찰했다. 입에 잔뜩 물고 온 지푸라기를 떨어뜨리더니 '찌~익' 소리를 내며 사라져서는 다시 돌아오지 않는다. '찌~익' 소리는 경계와 분노의 표현이다. 올해에도 역시 건너 지붕에서 노래할 뿐 얼씬도 않는다.

로빈새가 돌아오지 않으니 야채밭도 물주기, 김매기를 중단해 볼품이 없다. 늙은 로빈새에 비해 젊은 놈이 자존심이 강하다는 것을 익히 들어 온 터라, 곧 막대기를 다시 제거하고 분노를 삭일 때까지 참회하는 마음으로 차분히 기다릴 것이다.

# 사라진 자작나무숲

보름달이 아직도 중천에서 발그스레한 얼굴로 가로등 불빛과 어울리며 한적함을 달래는 상쾌한 밤이다. 다리를 건너자 인적이 고요한 대로변에 까치가 웅성거리고 있었다. 봄이 오면 한밤중에 어린 코요테들이 까치집을 습격하거나 까마귀와 집단으로 영역싸움을 벌이느라 흥분한 까치들이 괴성을 지르며 대로변에 뛰쳐나와 정신없이 서성거리는 것을 몇 번 목격한 터라 천천히 운전하며 주위를 살핀다.

아뿔싸, 오른쪽 언덕 숲이 발가벗긴 채 달빛에 오들거리고 있다. 길옆 언덕 위의 축구장보다 몇 배는 큼직한 자작나무 태고의 숲이 반나절 만에 사라진 것이다. 자기의 영역을 철저히 지키며 치열한 생존을 벌이는 까치들이, 삶의 터전을 졸지에 잃고 허탈에 빠져 안전한 길가로 피신을 한 것이다.

빨간 신호등에 차를 멈춘다. 오늘따라 길 건너 언덕의 몸매 가냘픈 여인들이, 새로 입은 연초록 저고리가 오후의 햇살에 눈이 부시도록 아름답다. 이럴 때면 차를 돌려 숲으로 들어가 와락 껴안고 싶은 충동이 인다. 망설이다 다음을 기약하고 출근했는데 순식간에 사라진 일이라 애석하고 어안이 벙벙하다.

차로 1~2분, 마을을 빠져나오면 이내 South West Fish Creek Boulevard 대로를 만나고, 바로 우회전하면 37 Street가 시작되는데, 이곳의 왼쪽 낮은 언덕에 다소곳하게 자리 잡은 자작나무(aspen) 포플러 작은 숲이 있다. 숲 언덕의 북쪽 끝자락은 울창한 태고의 계곡을 따라 동서로 길게 이어지고, 계곡 위로 4차선 다리가 남북을 잇는다. 숲의 서쪽 계곡은 비포장도로를 따라 숲이 10여 분 길게 이어지는데 숲이 끝나면 광활한 서티나 원주민(Tsuu T'Ina Indian Reserve 145) 땅이 끝없이 펼쳐진다. 잊히려야 잊힐 수 없는 정이 듬뿍 든 숲이다.

이 작은 숲과의 인연은 아주 오래고 깊다. 이민 다음 해 피자가게를 인수하고 막 여름이 시작되고 있었다. 지금 내가 살고 있는 집 부근에서 피자 배달 주문이 왔다. 가게를 인수하기 오래전부터 배달일을 하고 있던 배달원이 바쁜 시간이라 배달을 거부한다. 차를 세우고 한참을 걸어가야 한다는 것이다. 의욕과 열정이 넘치던 초창기 시절이라 내가 배달을 했다. 사라진 자작나무숲 길 건너 지금처럼 대규모 주택단지가 없었고 띄엄띄엄 옛집들과 사방이 울창한 숲이다. 콘크리트 다리는커녕 계곡의 샛길을 타고 내려가면 통나무 징검다리가 있었다. 난생처음 매서운 겨울 추위를 경험한 터라 살아남은 야생식물들이 대견스러워 보였다. 파인 트리 등 침엽수, 자작나무(아스펜 포플러) 활엽수가 함께하는 오솔길을 한참을 걸어 피자를 배달했다. 강풍을 만나면 부러질 것만 같은, 가냘픈 여인의 몸매처럼 늘씬한 키의 자작나무들이 마음에 들어, '언젠가 나도 이 근방으로 이사를 오리라' 꿈을 꾸며 걷곤 했다. 태고의 원시림처럼 주위에 죽은 자작나무들이 사방에 즐비하다. 매우 큼직한 저택의 노인은 두툼한 배달 팁을 주곤 했는데 그 재미에 서너 번 배달을 하며 정이 담뿍 배인 숲길이다.

20여 년 동안에 개발이 되고 주위에 신흥 주택들이 속속 들어섰다. 캘거리 링 로드(Calgary Ring Road) 마지막 남은 남단 끝자락 도로 연결 건설이다. 인디안 원주민들과 거대한 금전적 보상 합의를 이유로 자작나무 태고의 숲이 처참하게 파괴된 것이다. 그 자리에 27홀의 골프장과 상가, 학교가 들어선다고 한다. 토종 자작나무는 연약한 여인 같아서 트랙터로 밀면 순식간에 뿌리 째 뽑힐 것이고, 그 많은 나무들이 반나절 만에 말끔히 치워진 것이다. 나의 상상을 넘어서는 현대 문명의 횡포에 소름이 끼친다. 더 멀리, 더 이상 사람의 개발을 허용하지 않는 곳으로 도망가고 싶다.

자작나무 숲은 조림한 것보다 추운 지역, 아직 길도 나지 않은 다닥다닥 붙어 있는 태고의 자작나무 숲을 걷는 것이 제맛이다. 생성과 소멸을 쉽게 거듭한 탓인지, 죽은 나무들이 주변에 너절하고 어린나무들이 쑥쑥 연신 잘도 성장한다. 물먹어 오래된 낙엽을 밟으면 발밑에서 철벅거리는 소리에 홀리고, 연신 온몸을 떨며 아름다운 소리로 수다를 떠는 몸매 날렵한 토박이 여인들을 만나는 즐거움을 이루 표현할 수가 없다. 이것을 경험하지 않은 감사의 묵상기도가 '참'일 수 있을까?

내가 틈만 나면 자작나무 숲을 찾아 묵상하는 것은 미풍에도 몸을 떨고 춤을 추며 생성과 소멸을 거듭하고 요구하는 자연의 정신에 쉽게 순응하며, 추운 겨울과 강풍을 견디며 오로지 하늘을 향해 몸을 쭉쭉 뻗기 때문이다. 하나님과 나, 자연과 나의 관계를 깊이 사유하며 내면을 다지는 순간을 사랑하기 때문이다.

지난 주말 가게 뒤뜰의 이태리 개량종 포플러 미루나무의 큰 가지들이 또 한 번 뚝뚝 부러져 나갔지만, 자작나무는 연약해도 휘어질지언정 부러지지 않는다. 소멸을 딛고 선 인적이 드문 또 다른 자작나무 생성 숲을 찾아 나설 것이다. 올가을 이곳을 방문하는 초등학교 동창생 부부들과 새로 발견한 자작나무 숲을 며칠간 산책하며 생성과 소멸의 원리를 곱씹고 싶다.

김민식 수필집

# 삶의 간격, 여백의 멋

초판발행일 2025년 3월 14일

지은이 : 김민식

발행인 : 김순진

편집장 : 전하라

디자인 : 김초롱

펴낸곳 : 도서출판 문학공원

등    록 : 2004년 3월 9일 제6-706호

주    소 : 우편번호 03382 서울 은평구 통일로 633
          녹번오피스텔 501호 스토리문학사

전    화 : 02-2234-1666

팩    스 : 02-2236-1666

홈페이지 : https://blog.naver.com/ksj5562

이메일 : 4615562@hanmail.net

2024 @ 김민식